「知力」をつくる技術

あなたが「総合的な知的能力」を鍛える48のレッスン

船川淳志

あさ出版

はじめに

「あなたの出身学校はどこですか？」

日本の社会ではよく聞かれるこの質問ですが、これからは知力、しかも総合的な知力をどれだけ磨いているかが重要です。

もちろん、海外でも学歴社会は存在します。ただ、日本は海外と異なって、大学で学んだ中身よりも受験歴の意味合いが強くなっています。学歴や受験歴は知力を保証するものではありません。

学者、官僚、あるいは知識人と呼ばれる人達は高学歴者が多いのですが、彼等、彼女達が「今、そしてこれからの時代に求められている知力」を磨いているとは限りません。むしろ、「過去、求められていた知識の保持者」や「既得権益で守られてきた人」が目立ちます。学歴と知力が似て非なるものであることは、ほんのちょっと「知力」を磨くと見えてくることです。

では、「今、求められているほんものの知力」とはどのようなものでしょうか？　絞り込んで定義づけすれば、私は次のような「力」の総合力であると考えています。

1　自ら能動的に思考する力
2　考え方の異なる他者を理解する力
3　論理的に明確な推論や検証ができる力
4　自由で柔軟な想像力
5　自分の専門知識を絶えず深めていく力
6　他の分野に対する好奇心を持ち、垣根を越えて共同作業を進める力

これらの総合力が備わっていれば、「多異変《たいへん》な時代」（後ほど説明します）にあって、判断を過《あやま》たずに自己実現をはかり、成長を続けていくことができるでしょう。

こう述べると、「必要な知力とは、ずいぶん広い範囲にわたる総合的な知的能力なのだな」と感じる人もいるかもしれません。ですが、焦ることも諦めることもありません。

私は、人と組織の活性化を専門分野として25年間コンサルティングを行ってきました。

また、企業研修だけではなく、大学、大学院、あるいはテレビ（旧NHK教育テレビ、スカパー）での番組講師も担当しました。「大人の教育現場」を見てきた者として、確実に言えることが次の3点です。

1　我々はそれまでの人生の中で培われた、物事の見方、考え方にとらわれやすく、その「枠組」に気づかないことが多い。「枠組」には専門分野の枠組、業界の枠組、仕事の枠組などいくつもある。それらの「枠組」の中で仕事を続け、生活していると次第に、「慣性の法則」に流され、いつの間にか、「敷かれたレール」の上を走ることになる。

2　限られた「枠組」の中で「敷かれたレール」の上は「考えずに走る」ことができる。「考えずに走る」ことが当たり前になると、それを変えるのは容易ではない。

3　しかし、「敷かれたレール」は人生のどこかの局面で、「軌道修正」を必要とする場合がある。そのことに気づき、「敷かれたレール」をいったん降りてみて、各自なりにその「枠組」を点検することが求められる。その作業ができれば、誰でも、何歳からでも、新しいことを学び、知力を伸ばすことができる。

そう、「気づく」ことができれば「ほんものの知力」を伸ばすことができるのです。
皆さんが「ほんものの知力」を今よりさらに伸ばし、一度しかない人生を自分自身で切り開いていくきっかけをつかんでいただければ望外の喜びです。

平成29年2月吉日

船川　淳志

第1章 思考の精度を高める 12のレッスン

第2章 知力を活性化する12のレッスン

第3章 「知力の間口と奥行」を広げる

12のレッスン

第4章 知力をさらに伸ばすために知っておくべき 12のトラップ

序章

ほんものの知力が求められる
多異変な時代

◎指数関数的な変化が進んでいる

なぜ今、「ほんものの知力」を身につけなければならないのか。それは我々が「多異変《たいへん》な時代」に生きているからです。「多異変な時代」とは今から15年前、20世紀から21世紀への転換期あたりから発信してきた私の造語で、「多様性が高まり、変化が常態化する時代」を意味します。

この時代を生き抜くための「ほんものの知力」を身につけることが本書の目的ですが、まず現在の「多異変」な状況について具体的に見ていきましょう。

Change is exponential――「変化は指数関数的になる」というフレーズが英語のビジネス、あるいは教育現場ではよく出てきます。言い換えれば「変化はAのn乗、というように乗数的に起きている」のです。

ここはお題でいきましょう。

私が社会人になって、販売・営業経験を持つ製品は数多くありますが、その中にファックスがあります。それでは、1981年のファックス1台はいくらだったのか、売値を推論してみてください。

ただし、ネット検索はしないようにお願いします!

企業研修でこのお題を出したところ「複合機ですか？」という質問をされた人が何人かいましたが、当時、複合機はありません。4000円、5000円と答える人から20万円という金額を出す人もいます。コンピューターの進化を考慮する人ほど、金額はどんどん上がっていきます。「ムーアの法則」を理解している人達です。

「ムーアの法則」とは、インテルの創業メンバーの1人、ゴードン・ムーアが1960年代に、「半導体の集積密度は1～2年で倍になる＝マイクロチップの性能は倍になる」と述べたものです。USB、SDカードの容量は1年半、もしくは2年間で、32ギガバイトから64ギガバイト、64ギガバイトから128ギガバイトという具合に、倍になってきているのです。その結果、パソコンの性能もどんどん上がりました。

さて、先ほどのお題の答えです。1981年、ファクシミリ1台の売値は160万円でした。私が最初に勤めたのは東芝です。160万円のファックスの購入先は法人です。東芝では、後に火力発電設備の営業も経験しましたが、最初は本社営業推進本部という部署で、そこはテレビから発電設備、コンピューターからモーターまで各事業部の支援を行うところでした。私はゼネコン（建設会社）担当だったので、ビルにおさめるエレベーター、空調システムからユニットバスなどを扱い、場合によっては設計事務所、あるいは施主である金融機関からメーカーと様々な法人に営業活動をしていました。そして、1981年、ある建設会社に「全国ファクシミリネットワーク構築」（今から考えるとネーミングが時代を反映しています）の提案をし、当時の「ファクシミリ事業部」（ファクシミリだけで「事業部」があったのです！）とともにファックスを売ったのです。

ちなみに、「ワープロ事業部」の当時の主力製品、仮名漢字変換ワードプロセッサーの「普及機」は1台、300万円前後で販売されていました。日本初の「デスクタイプ・ワードプロセッサー」というのが売り文句でした。「デスクトップ」ではなく、「デスクタイプ」。デスク丸ごと、ワードプロセッサーなのでした。

「産業のコメ」と言われる半導体は今やありとあらゆるものに使われて、我々の生活に深く入り込んでいます。半導体は英語ではセミコンダクター(semiconductor)であり、電気をよく通す導体（conductor）と真逆の絶縁体（insulator）の中間の性質を持つものです。超電導をスーパーコンダクター(super-conductor)と言うことを知れば、さらにイメージがわかりやすいでしょう。

1992年初頭、MBAを取得した直後、私はシリコンバレーにあるコンサルティング会社に入りました。バレーは谷と訳されますが、むしろ盆地があてはまります。サンフランシスコの南、サンホセ（サンノゼという発音）に広がるシリコンバレーは「シリコン盆地」です。シリコンは地球の主な構成元素でもあり、土壌に含まれるケイ素（Si）です。よくシリコンバレーの人達は、「我々は砂からビジネスを起こしている」とサイエンスの基礎的な話にユーモアを交えて語っていたことを覚えています。

◎ＡＩの出現という脅威と期待

ワープロの話など、30代、40代の人には古く感じられるかもしれません。しかしこれが、わずか35年のうちに起こった変化であることを見逃してはいけません。

最近では、ＡＩの話題が耳目を集めています。囲碁でもＡＩが人間に勝利したことが話題になりましたが、ＡＩの歴史はコンピューターの進化の歴史です。簡単に振り返ってみましょう。

ＡＩ（Artificial Intelligence）ということばが登場したのは、１９５６年、それまで約10年間進化し続けてきたコンピューターの研究成果を発表するワークショップだったそうです。社団法人人口知能学会のホームページをはじめ関連サイトに解説が出てきますが、ＡＩという概念自体は天才的な数学者アラン・チューリングによって、１９４７年、ロンドン数学学会での講義の中で提唱されたとされています。チューリングは古くはチューリングマシーンや2014年の「イミテーション・ゲーム」という映画でも取り上げられて広く知られるようになりました。

世界最初のコンピューターについては、定義によって諸説ありますが、黎明期における画期的な1台に1946年に開発されたエニアック(ENIAC)があります。エニアックとは、Electric Numerical Integrator and Computerであり、直訳すると「電子式数字統合及び演算処理装置」であり、最初のコンピューターとされるものです。性能は今のノートパソコンやスマホと比べれば、「石器時代のコンピューター」です。中には、「いや、ジュラ紀です」と言う人もいるでしょう。なにしろ巨大なだけではなく、大変な消費電力も使っていたのですから。

それ以来、コンピューターが目覚ましい進化を遂げたことは言うまでもありません。エニアック開発から51年後の1997年、IBMが開発した「ディープ・ブルー」が当時のチェス世界チャンピオンを破り、2012年には将棋ソフト「ボンクラーズ」が将棋名人に勝利をおさめ、そして2016年には囲碁でも、コンピューターが世界チャンピオンに勝ったことが話題になりました。

コンピューターは先に直訳したように、「演算処理装置」がもともとの意味で、インプットした情報を文字通り処理し、アウトプットを出すものです。それを繰り返しながら、さらに大量のインプットを取り込み、コンピューターの作業範囲が高速かつ「汎用」化してきているのです。こうして、いつかは、高度に進化したコンピューターが人間の頭脳を上回るであろうという話は以前からあったのです。

しかし、コンピューターは、入力していないもの、あらかじめプログラミングされていないものには対応できないことが永年の課題だったのです。言い換えると、自ら新しい概念を理解するという、人間が持つ学習機能が課題でした。ところが、その可能性が見えてきたのが「深層学習」（ディープ・ラーニング）と呼ばれるもので、コンピューターが物事の概念を取り込むことができる、という話です。ディープ・ラーニングということばは、テレビのドラマにも出てくるほど、今や広く話題になっているので、関連サイトで見てください。

そして、これから10~20年後には、日本の労働人口の約半分がAIやロボットに置き換えられるという予測や、AIは人間を超えるという議論に注目が集まってきています。

技術面での変化は、コンピューターの分野だけではありません。バイオサイエンス、ナノテクノロジーと様々な分野の技術が、それぞれ関連し合う形ですさまじいスピードで革新し続けています。

◎経済社会の変化とグローバル化

経済社会も、この半世紀の間に大きな変貌を遂げています。我々はすでに定年退職を迎えた世代、あるいは今現在の企業の役員の世代が経験した高度成長期とは、大きく異なった時代を生きています。

「もはや戦後ではない」と言われた昭和31年から日本経済は高度成長期に入りました。当時の国内総生産（ＧＤＰ）はインフレ調整した金額では47兆円でしたが、90年では４３３兆円になっています。年率の成長率になおせば、約６・６％程度になりますから、ちょうどＢＲＩＣｓ（ブラジル、ロシア、インド、中国、そして南アフリカ）の成長率に相当します。言い換えれば、日本もかつてＢＲＩＣｓのステージを経験しているのです。

その期間は、基本的には日本人同士が、「頑張れば成長が見込めた時代」でした。当時の社会人に求められた知力は、業界や職務に関する専門知識と上司や先輩からの指示に対する理解力であり、何よりも重要なのは社内調整力でした。

もちろん、「頑張る」気概や気迫は、今でも重要だと思います。

ところが今は、「頑張るだけでは、成長が見込めない時代」です。では、どうすれば成長が見込めるのでしょうか？

その前に成長の中身を考えてみましょう。その国の経済状況を見る基礎指標には、国内総生産、1人当たりの国内総生産、国民総所得（GNI）、貯蓄率等々があります。個人で言えば、雇用と収入は切実な問題ですが、高度成長期にはこれらの経済指標はまさに右肩上がりに伸びてきました。

しかし時代は様変わりしました。「モノ」がすべての時代が終わりつつあるのです。『未来の衝撃』（1970年）、『第三の波』（1980年）、『パワーシフト』（1990年）と10年おきに世界的なベストセラーを書いてきたアルビン・トフラーは、ちょうど先に紹介した最初のコンピューターができた頃から、今の情報革命を予見していました。また、ピーター・ドラッカーは、すべての労働者は「知識労働者」になるということをやはり50年代に指摘しています。

要するに、モノに対する付加価値よりも、デザインのように目に見えるものから、ノウハウやアイデア、あるいはブランドのように目に見えにくいものまでの知的付加価値が重要になる社会にとっくに突入しているのです。そして、金銭的な報酬だけではなく、創造的な仕事や社会貢献に対する問題意識の高揚など、より多様な精神的満足で個人が行動する世の中になってきているのです。

グローバル化の影響も無視できません。昨今、「グローバル人材」ということばがブームになっていますが、混乱もかなり起きています。

グローバル化とは「欧米のマネをすること」でも、「市場原理主義の手先」でもありません。企業の中では、グローバル化、グローバルビジネス、グローバルカンパニー、そしてグローバル人材という言葉が躍り、その区別がつけられないままにとりあえず英語教育にとびつく、という風潮が蔓延しています。

ここでグローバル化について簡単に押さえておきましょう。

グローバル化のことを、中国語では「全球化」と書きます。漢字で見るとイメージがわいてくるのではないでしょうか。

つまり、グローバル化の本質とは、経済活動、社会活動が全地球的に、お互いにつながってくることです。ただし、それはローカルがなくなって、世界が一つになるという単純なものではありません。歴史を振り返れば明らかなように、覇権国の影響は受けながらも、各地域、各民族が変容しながらも伝統を守り、お互いの交流を進めることです。

かつて世界は、北半球と南半球は経済格差によって、西側と東側は政治的に分断されていました。それが文字通り全球化しつつあるのです。その大きな流れは不可逆的なものです。特定の覇権国が他国を支配し、安定をもたらすというモデルは終焉を迎えたのです。

しかし急激でドラスティックな変化にはストレスがかかり、揺り戻そうとする力や過剰な反応が生まれます。その結果、テロの問題は言うまでもなく、エネルギー、食糧、富の偏在と格差、移民の問題と、様々な対立や課題が顕在化してきているのです。

◎アタマの使い方を変えなければならない

我々はこうした「多異変な時代」の中に生きていますが、これら目覚ましい技術革新や世の中の変化に伴って知性、理性、そして感性は成長したのだろうか？　と自問してみても、どうもそうは思えません。

そして、これら世の中の大きな潮流と転換点を見ていくと、一つの結論が見えてきます。このようなパラダイムシフト（時代の前提の大転換）に対して、教育制度も含めて社会全体が対応し切れていないという課題です。

このような時代に求められるのは、「どんな人とも雑談を楽しめる対人能力と、自らの知的引き出しを広げながら新しいことを学びとる力」や「国籍、民族、宗教の違いを超えて、仕事を遂行できる対話能力、問題解決能力、垣根を越えて協業できる能力」です。

重要なのは、一方通行ではなく、やりとりがきちんとできる本来のコミュニケーション能力であり、相手の投げかけてくるテーマを理解するだけではなく、それに自らの見解を明確に示しながら、建設的な対話ができる知的能力、学習能力です。

これまでのアタマの使い方とこれからのアタマの使い方は大きく異なっていなければなりません。にもかかわらず、それができていない、という現状があります。

もちろん「変化は指数関数的になる」(Change is exponential) 時代にあっても、我々の学びが指数関数的に成長できるわけではありません。1年半で知識を倍にするのは無理ですし、第一、何でもウエブで検索できる現代、その必要はありません。重要なのは、知識の量ではなく知力の広さと深さであり、その伸び方です。過去の自分と比べて新しいことを学んでいるだろうか? 自分の伸びしろ、のりしろを伸ばしているだろうか? 自己成長しているだろうか? ということです。

こうして見ると、これからの「ほんものの知力」が求められる範囲も知力を発揮すべき課題も広く、多岐にわたることが確認できます。

◎「ほんものの知力」とは「第一級の知性」でもある

それではここで、「ほんものの知力」の中身について見ておきましょう。知力は、次の六つに絞り込むことができます。

自ら能動的に思考する力

考え方の異なる他者を理解する力

論理的に明確な推論や検証ができる力

自由で柔軟な想像力

自分の専門知識を絶えず深めていく力

他の分野に対する好奇心を持ち、垣根を越えて共同作業を進める力ここでは絞り込んだ六つの要素を、二つずつのセットで示しました。こうしてみると、それぞれのセットは一見、相反するような要素でもあることが確認できます。

そして実はこれは、「第一級の知性」の定義でもあるのです。

「第一級の知性を計る基準は、二つの相反する要件を自分の中で持ちながら、（フリーズしないで）機能する能力を持てるか、ということである」

『グレート・ギャッツビー』で有名なスコット・フィッツジェラルドのことばです。

私がこのことばに出会ったのは、先にもふれた通り１９９２年、シリコンバレーでコンサルタントとしてのキャリアを積みだした頃です。

フェースブックやグーグルもまだ存在していなかった時代ですが、シリコンバレーではすでにスピードの速い「多異変な時代」に突入していました。そこでは、「第一級の知性」の実践が問われていたのです。

つまり、短期的な利益と長期的なビジョン、リスクテイクとリスク回避、製品の標準化とカスタマイゼーション、グローバルとローカル、アナログとデジタル、統合と分散というように、相反する概念や指針にいかに取り組み、しかも目標自体がその両方を含むというパラドックス状態の課題に誰もが直面していたからです。

もし片方だけにとらわれてしまうと上手くいきません。また、「どっちつかず」の状態では、変化に対応できず、競争にも生き残れず、企業として存続できないのです。

言い換えると、「多異変な時代」では、「どちらでも、とがっている」、あるいは「どちらでも、対応できる」ことが求められ、特にその選択肢を選ぶ意思決定能力と実行能力が必須です。今やどこの企業でも本来必要なことなのです。

私は、「第一級の知性」をセミナーなどで紹介する時には、「腕の長いヤジロベー」の譬えを使っています。

腕の短いヤジロベーはすぐに倒れてしまいます。地盤が揺れてきても、立っていられるのは「腕の長いヤジロベー」です。

「腕の長いヤジロベー」は、言い換えれば「知力の稼働領域が広いヤジロベー」で、短期的な利益を徹底的に追求する一方で、同時に根気よく長期的なビジョンに取り組むことができます。しかし「腕の短いヤジロベー」は稼働領域が狭いので、変化への対応ができずすぐに倒れてしまうのです。

また、先にあげた六つの「知力」の要素を見れば、そこにはいろいろな能力が存在して

腕の長いヤジロベー

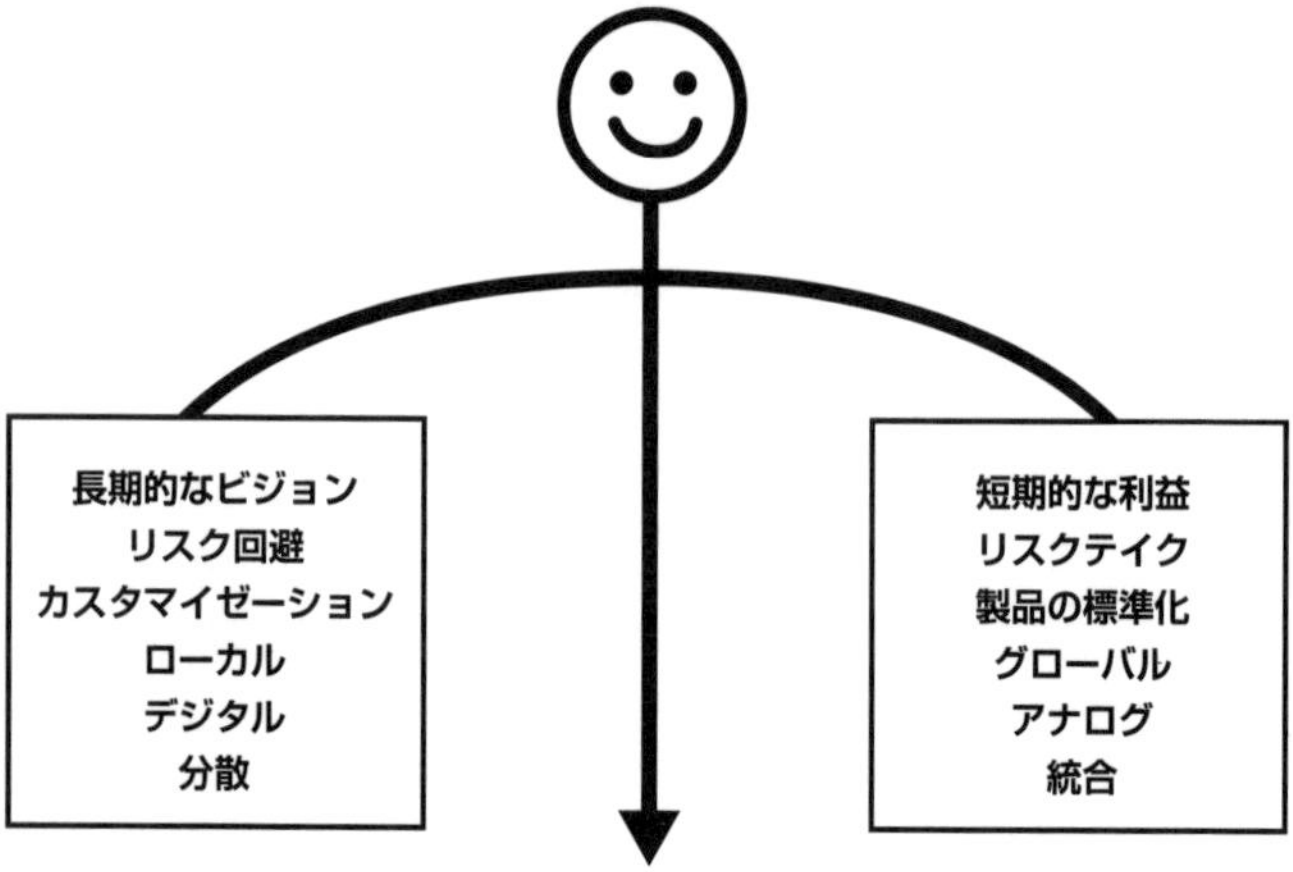

いることがわかると思います。知力の奥行と間口の広さ、理性と感性、共感力。さらに物事を理解するだけではなく、機転をきかせたり、想像、推論、評価、判断あるいは仮説形成とその検証という様々な機能を有する知的活動力等々で、「知力」とはこれらを総合したものなのです。

ＩＱで測れるのは、主として記号と空間認識の処理能力のスピードです。ＩＱが高いにこしたことはありませんが、ＩＱはあくまでも人間の知性のほんの一部です。「感情の知能」と言われるＥＱ(Emotional intelligence Quotient 一般には emotional intelligence と訳される)、あるいは社会的な知性と言われるＳＱ（Social Quotient）も実社会では求められてきます。「知力」もまったく同様です。知性は多元的で複合的であるという多元性知性（Multiple Intelligence）理論がハワード・ガードナーによって発表されたのが１９８３年で、以来教育界でこの流れは続いています。ＥＱやＳＱが問われるのも、そうした大きな潮流の一つと考えられます。

「知力」は磨けば磨くだけ、鍛えれば、鍛えただけ、自分自身の成長につながり、どこかで役に立ちます。ただし、いつ、どこで、どんな形で役立つかは決して一様ではありません。だからこそ、普段から磨くことが重要なのです。

プラトンのことばに

「勇気とは、恐るべきものと恐るべからざるものとを識別することなり」

というものがあります。この勇気は「ほんものの知力」に置き換えられます。

２０１１年3月12日、東日本大震災の翌日、福島第一原子力発電所で水素爆発が起き、海外メディアは当時から「メルトダウン」ということばを使い始めていました。政府及び東京電力からの発表が混乱を極めていた頃、多くの人々が「どこまでが安全なのか？」と疑問を持ったはずです。私も自分なりに情報を収集し検証していました。

あの時、物理、原子力工学、放射線学、免疫学、そして医療に詳しいそれぞれの専門家が自主的に情報をシェアしていました。各企業の中でも、それぞれの分野の専門家が垣根を越えて協業し、社員に大事な情報を提供したところもあります。また、ネットで広くそれらを伝えた団体、個人も少なくありません。

その一方で、ネット上での風評被害が拡散することも、被災者への心ない発言が炎上するのも見てきました。いろいろな側面で、我々1人ひとりの多面的なものの見方と検証能力が試された時期でした。

だからこそ、どのような状況にあっても、不確定情報や流言に惑わされない「ほんものの知力」を身につけていきたい、あるいはもっと磨いていきたいと思う人は私だけではないでしょう。

◎「知力の伸びしろ」を見る

ただ、こうして「知力」がどういうものかを説明すると、「はたして自分にそんなものを身につけることができるのだろうか?」と疑問に思う人もいるかもしれません。

でも、焦る必要はありません。「はじめに」でも述べた通り、知力は確実に伸ばせるのですから。それではここで、私が見てきた事例から紹介しましょう。

都心の高層ビルの一室。会議室のドアを開けるとそこに待っている男女が一斉に私に視線を向けます。通常10人前後。年齢は20代半ばから30代前半。お互いが初対面同士でもあり、私とも初対面。

私がわかっているのは、彼等、彼女達がマッキンゼーやボストンコンサルティンググループなどの戦略コンサルティング会社に転職を希望しているということだけです。

彼等、彼女達がこの特別セミナーを企画している人材紹介会社から聞かされているのは、「コンサルティング会社が入社希望者に課す知力の素養を見る面談に備えるため」という講習の目的と講師を務める私の簡単な略歴。

参加者は、他のコンサルティング会社で勤務している現職コンサルタントや官僚、医者、そして企業に勤務している人々と様々です。外国人が混ざっていることも珍しくありません。その場合は、急きょ講習を英語と日本語のバイリンガルで行うことになります。彼等、彼女達のバックグラウンドは当日まで知らされていません。

私は先ほどふれたように、グローバル人材の育成と組織の活性化というテーマを中心にコンサルタントとしていろいろなことをやってきました。その中には、このような「トップコンサルティング会社への入社希望者のための思考力の特別講習」も過去10年以上担当しました。

毎回、10人前後の参加者を3〜4時間様々なお題を出しながら指導し、じっくり観察すると、「この人は○○社なら最終面談まで突破できる」「○○社は無理でも□□社は入る」、あるいは「今、受けると落ちるだろうけど、1年鍛えると△△社は入れるだろう」というのがわかります。実際、この講座の企画者に私の所見を伝え、その後の参加者の状況を聞いてみるとはずすことは稀でした。

予言ではありません。私は参加者の「知力の略歴（以下知力歴と表記）」と「知力の伸びしろ」を見ているにすぎません。学歴と職歴は履歴書でわかりますが、知力歴は紙に書かれていません。しかし、知力について、様々な角度から質問を繰り返し、本人との対話をしてみると「知力歴」の一部、言い換えると参加者の「思考回路の癖」とその癖に対する自覚や受け入れ度も含めた「知力の伸びしろ」が見えてきます。

もっとも、私が見ているのは、知的付加価値をクライアントに提供することを生業とするコンサルタントとして、必要な知力をいかに発揮できるか、という程度のものです。本人の頭の中身も心の中も計り知れないことは言うまでもありません。

通常の企業研修に加えて、この特別講座で確認できたことは、年齢や性別、業種などには関係なく、知力を磨くチャンスは誰もが持っているし、限界はないということです。そして、知力を伸ばす鍵は、「才能より習慣にあり」なのです。

◎「知力歴」をつくる

「才能より習慣」というのは、生活習慣病の名づけ親、今年で106歳になられる日野原重明《しげあき》さんのことばです。

知力も同様です。知力歴とはあなたの「知的習慣の蓄積」です。習慣を変えることは容易ではありませんが、十分可能です。つまり、あなたのこれからの知力歴は、自らの工夫でどのようにでもつくることができるのです。

これまでの多くの人材の育成・指導の経験から言えるのは、アタマを動かすことは体を動かすスポーツや楽器演奏と似ている、ということです。いきなり、マラソンはできないけれど、少しずつ走る距離は伸ばせます。何年も触ったことがなければ、ピアノの演奏はできなくなるけれど、弾いているうちに指の感覚が戻ることがあります。

知力を鍛えるのも同様で、まず自分で自分の現状を知ることが重要です。そして、できるところからやればいいのです。

かつて自分がやっていたアタマの動かし方を思い出すことも重要です。ストレッチをしながら動かしていないところを動かし、持久力も高めるというのは、知力においても言えることです。基本をある程度押さえておかないと、応用が効かないというのも同じです。

体力はさておき、知力の年齢限界はまだわかっていません。歳とともに低下すると信じている人には朗報があります。詳細は本書でも紹介していますが、結晶性知性は年齢とともに70歳ぐらいまでは高めることが可能であると言われています。

本書では、「知力」を磨くために四つの章に分けて解説しています。

第1章の「思考の精度を高める12のレッスン」では、知力の中核となる思考力の型を学びます。論理思考、あるいはクリティカル思考を多少なりとも勉強した人にはおさらいになるかもしれません。もちろん、初めての人にも平易に解説しています。考える課題を用意しましたので、取り組んでみてください。

第2章、「『知力』を活性化する12のレッスン」では、先に述べたように「アタマの稼働領域」を広げることを主眼としています。日本の教育制度によってがんじがらめになってしまったアタマを柔らかく、多面的に動かすことをチェックしながら読んでいただければ幸いです。

第3章は「知力の間口と奥行を広げる12のレッスン」です。ここでは、最初の2章を踏まえて、様々な課題に対処できるようになるための考え方を述べています。

第4章では、「知力」を皆さんが実社会で使うために、ぜひ知っておきたい12のトラップを紹介します。トラップについて事前に知っておけば、上手くいかない時の問題解決のヒントにもなるでしょう。「知力」を生涯にわたり伸ばしていくためのポイントをつかんでもらえれば幸いです。

それでは皆さん、ほんものの「知力」を磨くための、いろいろな側面をこれから見ていくことにしましょう。

第1章

思考の精度を高める

12のレッスン

01 *Lesson*

思考プロセスを自己点検する

◎思考力とは何か

突然ですが、

トマトは水に浮くでしょうか？　沈むでしょうか？

答えをご自分で考えてみてください。

このお題をもとにして、思考力とは何かについて確認していきましょう。

私は思考力を次のように定義しています。

思考力＝思考の材料を頭の中で組み立てたり、想起する力

思考の材料となるものには、事実や共有された知識、過去の経験、イメージ、そして仮説など様々なものがあります。今、皆さんの脳の中でトマトが水の中で浮いたり、沈んだりしているイメージがあるでしょう。過去の経験から、どっちだったかな？ と考えている人もいれば、トマトの中身を意識している人もいるかもしれません。

「組み立て方」については、論理的に検証することを重視する人もいれば、いろいろなことを自由に想起する人もいます。前者が得意な人は、トマトと水の比重を考えているかもしれません。後者が得意な人は、トマトだけではなく、たとえばジャガイモ、あるいはスイカというようにいろいろなものを連想しているかもしれません。論理的に検証する力だけではなく、連想しながら自由に想起する力も思考力の大事な要素です。

さて、このトマト問題への反応を紹介しましょう。この2、3年の間に行った企業研修における参加者の解答結果です（おそらく数百名になると思います）。

60％を超える人が「浮く」、30％前後の人が「沈む」と答えています。残りの10％に満

たない少数派の人たちは「浮くトマトもあれば沈むトマトもある」と手堅い答えを書きます。これは、恒真命題、つまり、はずれのない言い方になります。

しかし、恒真命題を書いた人に対しては、「どちらもありはずるい」とフラストレーションを感じる参加者がいます。それもそのはず、冒頭のクイズの出し方は、あたかも二択のように思わせてしまう「アンカー効果」があるからです。

しかし、それではクイズとして盛り上がらないので、私はセミナーでは実際にトマトを持参して参加者に見せながら「では、このトマトは沈むのか、浮くのか？」と尋ねます。こうなると「浮くトマトもあれば沈むトマト

もある」と答えた人はどちらかに決めなければなりません。もちろん、そのトマトを見ながら見解を変えるのも自由です。

こうして再度、自分で答えを出してもらってから、4人程度のグループで話し合って、グループの答えを出してもらうようにします。4人のうち3人が「浮く」、1人が「沈む」という場合は「浮く」の結論になりますが、意見がそれぞれ2人ずつに割れたグループは、合意をつくるために5分以上かかることがあります。

◎重要なのは思考プロセスの点検

グループの結論が出そろってから、私は右の写真のように「トマトの実験」を行います。トマトは沈んでいきます。事前に浮くかどうかは調べませんが、「沈みそうなトマト」を持参していくわけです。

以前、料理をしながら、かなり大玉のトマトが水をはった鍋の底に沈んでいくのを見て、ハッとしたことがありました。違和感を持ったのです。「トマトを切ったときに空間があるから、浮くのではないか」という自分の思い込みに気づきました。ひと口にトマトと言っても、ミニトマト、完熟トマト、多少大きくても糖度の高いトマトといろいろな種類が出回っているのですが、実がぎっしり詰まったトマトは水に沈む確率が高いのです。

インターネットで調べると、「地中でつくられる野菜は沈むが、地表でつくられる野菜は浮く。故にトマトは浮く」という答えもありましたが、この回答では、沈むトマトだけではなく、蓮根などの説明がつかなくなってしまいます。

私がトマトのクイズを通して参加者に求めるのは、身近な出来事でも自分の思考プロセスを点検することです。「思考力とは思考の材料を頭の中で組み立てたり、想起する力」と定義しましたが、「材料」には先にあげたように、過去の経験やイメージも該当します。

どこの企業や団体でも、グループで合意形成をしてもらうと、自説に固執する人が必ずと言っていいほどいます。「絶対に間違いないよ！」などと強く言われると周りの人もシーンとして、その人に明らかに納得していないのに同調してしまうことがあります。これは、「集団思考の罠」としてよく知られていることで、会議でも見受けられることです。

この章では、ほんものの知力を身につけるために思考の精度を上げるコツを紹介していきますが、まずは自分の思考プロセスを点検する習慣を身につけることが重要です。考える際に、自分は材料をどのように頭の中で組み立てているのか？　もとになるものは経験なのか、科学的な原理なのか？　経験だとしたら、十分な経験と言えるのだろうか？　一般化はしていないだろうか？　印象で決めていないだろうか？　結論に安直に結びつけていいのだろうか？　というようにチェックすることです。

◎思考の「間」

私は普段から授業や研修の参加者に「あなたは、どうしてそう考えましたか？」と聞くことが多いのですが、「何となく考えただけ」「直感です」という返事が少なくありません。そんな時、私は「明確に意識していなくても、何となく考えた理由は？」とか「直感をブレークダウンしてみてください」と続けます。そうすると、その人なりの過去の体験なり、持っている前提があぶり出されて、ことばで表現されます。

それでも、時々、「何となくとしか、言いようがありません」とか、「直感をブレークダウンしろって言われても……」と、ことばにつまる人もいます。普段、思考プロセスに注意を払っていないと、このようにことばが詰まり、思考がフリーズしてしまいます。それ自体はごく自然なことなので、まずは自分なりに表現する練習からすればよいのです。

加えて、我々の頭には、想像以上に結論を導きたがる特性があることも知っておいたほうがいいでしょう。したがって、そんな時は、「ちょっと待って」と自ら「間」をとることが重要です。「違和感」を持った時は、思考プロセスにズレが生じています。それを、「なぜ、自分が違和感を持ったかと言うと……」という具合に、自分のことばでさらに明確にしてみる訓練も効果的です。

　トマトが浮くか沈むかの合意ならまだしも、会社の将来が浮くのか、沈むのかの会議であるならば、お互いの立場の思考プロセスを十分に吟味しなければなりません。声の大きな人や多数決だけに押されないようにするためには、次の章でカバーしますが、まず知力を活性化し、思考停止の状態から脱却しなければなりません。この時、独り善がりになってはいけないので、自分の思考プロセスの自己点検を行う習慣が重要になるのです。

Lesson 02

無知を自覚する

◎自分が知っていることと知らないことを確認する

自己点検で欠かせないのは、自分の無知と既知の確認です。

何かを知りたい！　というのは人間の根源的な欲求の一つです。

「知的好奇心」と聞くと、「何だか、アタマのいい人達のことばのように聞こえてしまう」とそっぽを向くような人でも、自分の興味のあるテーマ、対象、人物についてはやはり「知りたくなってしまう」わけです。

また、芸能ネタにせよ、政治家のスキャンダルにせよ、仕事や研究テーマの新しい出来事にせよ、何かを知れば、誰かに伝えたくなってしまうのも人間の特性です。フェースブックは、我々が持っている自己承認欲求だけではなく、こうした知的好奇心や知り得た事柄を共有することによって連帯意識を満たしていることはよく知られています。

子どもはよく「ねえねえ、○○って知ってる?」と人に問いかけます。相手が知っていると、会話が盛り上がるのですが、相手が知らないと「あー、知らないんだあ」と知っていることにささやかな優越感を示したり、悪くすると相手が知らないことを理由に仲間外れが始まったりします。

これは子どもだけではなく、大人同士の会話でも見られることです。我々は、「子どもの知力」ではなく、「ほんものの知力」を身につけたいのですから、自分の知らないこと、知っていること、無知と既知にしっかり向き合い、そして限りなく広がる未知の世界に目を向けていく必要があります。

ただし、「知っている」にも様々なレベルがあります。そこで次の通り、「知ること」の5段階モデルを定義します。

◎「知ること」の5段階モデル

レベル0　無知である

「その分野」については、人から聞いたことも、本を読んだこともない状態。「無知であった」ことに気づく＝「無知の自覚」を持つのは意外と難しく、「何らかのきっかけ」を要する。その「きっかけ」とは本や人との出会いであったり、「無知ではいられない状況に追い込まれた場合」などがある。ただし、レベル2以上の人と出会うことがないと、「何だかよくわからないけれども……」という認識にとどまり、忘却されやすい。

レベル1　ほとんど知らない

「その分野」について、勉強したことはないけれども、その分野の著名人の名前ぐらいは知っている状態。アインシュタイン、ベートーヴェン、トルストイ、ユングなどなど広く知られた人や相対性理論、「第九」などその業績についてたまたま知っているという状況。レベル0と同様、「何らかのきっかけ」を持つと、次のレベルにすぐ移行できる。

レベル2　ある分野についてホンのちょっと知っている＝かじったことがある

「その分野」について、少し勉強したことがあり、世間話程度はできる状態。既知の範囲にとどまらずに学ぶことを続けていくとレベル3になることは可能。

レベル3　ある分野について多少知っている

「その分野」について、ある程度学んだことがあるので、その分野で頻出する固有名詞や著名人は知っているし、その実績や功績も理解できる状態。世間話のレベルから一歩踏み込んで、「その分野」について他者と対話をしながら自らの学びを深めることができる。その習慣を身につけながら、レベル4の人にふれるといっそう知的好奇心がかきたてられる。

レベル4　ある分野を体系的に学び、未知の領域に好奇心を持てる

「その分野」について体系的に学んできたので、レベル3以上の人との対話や対談をしながら自らの学びを深めることができる。加えて、「各分野」の関係性、類似点、相違点も理解できるので、世の中がすべて先人の智恵によって成り立っていることに気づき、自ら社会にいかに貢献できるかを考えずにはいられなくなる。

◎無知を自覚する

さて、ここで「分野」というのは、調達、開発、製造、マーケティング、販売、財務、経理、人事、総務など皆さんの仕事の機能分野も該当します。それによって求められる知識は異なります。加えて、金融、電気、化学、建設、医療・医薬、食品、ファッションなど業界によって、何が必要な知識になるかが変わっていきます。つまり、専門知識は担当業務、業界、そして各企業によって「分野」の概念が変わるのです。

加えて、学問、芸術、あるいは文化芸能に至るまで、様々な分野が存在します。

音楽、哲学、医学、文学、美術、数学、幾何学、地学、法学、神学、天文学、考古学、生物学、基礎科学、社会科学、記号論、熱力学、歴史学、応用物理、錯体化学、法理学、生理学、政治学、気象学、心理学、統計学、経済学、社会学、構造力学、土木工学、電子工学、情報科学、進化人類学、進化言語学、脳神経科学、放射線科学、海洋工学、土木工学、人間工学、生命科学、認知科学、犯罪学、原子力工学、惑星科学、流体力学、経営学、環境情報工学、ナノテクノロジー、ロボット工学、ＡＩなど、あげていったらきりがありません。一見、自分とは関係ないような分野でも、この地球で暮らし、社会の一員として生活を営んでいると、それぞれの分野の何らかの恩恵を受けていることが確認できます。

あるいは直接仕事に関係なくても、取引先の相手が「実は○○を昔、かじっていて……」とその分野の話が出てきたり、あるいはノーベル賞受賞者の話を振られたり、という具合に、どこでどう話がつながるかわかりません。

ですから、例えば、素材の研究開発に従事している人が仕事に必要な専門知識を持っているのは当然ですが、それだけではなく広く知力を磨いていくことが欠かせないのです。特に、昨今改めて重要視されているリベラルアーツの分野も実は重要です。これについては第3章で述べていきます。

もちろん、先にあげたのは一例ですし、ここで書かれていない「分野」に従事されている読者の人もいらっしゃるでしょう。また、「そう言えば、学生の時勉強した」とか「本棚に本が並んでいる」という人もいるでしょう。何も、すべてについて、先のレベル4を目指そうということではありません。

重要なことは無知の自覚です。そして、決して「自分の既知」に満足することなく、未知との遭遇を楽しむことです。

03
Lesson

知識の「流れ」と「つながり」に着目する

◎全体像を見ることが必須

「知力」を高めるためには、何でもいいですから、「何かを体系的に学ぶ」ことを一度は経験してみることです。

体系的に学ぶとは、断片的に覚えることではありません。お互いの関連付けをしながら、全体像を意識することです。言い換えると「流れ」と「つながり」に着目することです。

これは、何も学問に限りません。ビジネスにおいても、まったく同じことです。販売会社に勤務する人は、仕入先からお客、あるいはエンドユーザーに届けるまでのモノの流れとお金の流れが理解できていなければ仕事ができません。しかも、その販売形態が特約店や代理店経由なのか、直販なのか、対面なのか、あるいはネットなのか、それによって、在庫管理や決済のタイミングが決まってきます。

また、社内の関連部署とどうつながるのか、エンドユーザーまでのつながりはどうなっているのか、その理解がなければ社内マニュアルを覚えようとしても効率が悪いだけではなく、突発事故に対応できないのです。

「多異変な時代」では、「人手が足りない！」「教育が間に合わない！」という声がどこの企業からも聞こえてきます。同時に、「要領がよく、仕事ができる人にどんどん仕事が集中してしまう」という状況も見られます。その原因として、二つ考えられます。

◎教育ができない二つの理由

まず、経営側、あるいは管理職者側が、高度成長期に日本企業がやってきたように、ＯＪＴ（on-the-job training）で十分であると考えていることです。現場の仕事を見せて、やらせて覚えさせるというのは今も必要なのですが、それだけでは不十分です。第一、ＯＪＴ自体も、時間が足りない、教える人がいない、受け手とのコミュニケーションの問題がある――という状況ではうまくいきません。しかも往々にして、ＯＪＴの中で、先にふれた仕事の全体像がカバーされていないこともあります。

第二に、教育する側も受ける側も、「知力」が磨かれていないことがあります。「今までこのやり方でやってきたのだからこれをやってくれ！」という言い方は、強制であって、教育ではありません。企業の教育現場でも、次の章で述べる「頭の生活習慣病」の課題が浮き彫りになっています。そして、より複雑でスピードが求められる課題に対応できる能力が追い付いていない、その現実に気づいていない企業があまりに多すぎるのです。

現在各企業で人材開発に携わる人は本来、こうしたことを理解した上で最適な育成プログラムを提供しなければなりません。そのためには、自らが学び、「知力」を磨き続けていくことが欠かせないのです。

ここでは企業内のテーマで述べましたが、いずれにしても、どのような分野でも、全体像を知ることができなければ様々な問題が発生します。そしてどんなテーマであっても「体系的に学ぶ」経験をつくっておけば、全体を見る力が培われます。それが「知力」を高めることにつながるのです。

04
Lesson

ことばを研ぎ澄ます

◎ことばの意味を理解する

我々は、ことばとイメージによって物事を考えています。ですから思考をクリアにするためには、ことばとイメージをクリアにすればいいのです。ことばをあやふやに使っていては思考もあやふやになりますし、他者とのコミュニケーションが上手く機能しません。

そこで、ことばを研ぎ澄ますために必要なことについて述べていくことにします。「ことばを研ぎ澄ます」という行いは、次の二つに分類できます。

●ことばの意味を理解する

●ことばのつながりに注意を払う

まず重要なのは、ことばの意味を理解することです。日本語の特性として、平仮名、カタカナ、漢字とありますが、これに加えてビジネスの場面で使用頻度が高くなってきているのが、英語の略語です。今、皆さんは本を読んでいらっしゃるので、自動的に漢字が目に飛び込んできていますが、普段の会話では耳から入るのは、ひらがなの音節であり、脳の中で前後の脈絡から判断して素早く漢字変換をしているわけです。

ところが、この変換プロセスがうまくいかずに混乱を引き起こすことがあります。「上司と人事コウカ面談がある」と聞いた時に、「効果?」「降下!」、(まさか)「硬化!」といろいろな漢字が浮かんだりします。漢字変換がしっかり行われているかどうかは基礎的ですが、意外とできないことです(念のため、「人事考課」です)。

つい先日、私もある企業の研修担当者と打ち合わせをしている時に、「トツゴウをしていきたいのですが……」と言われ、一瞬漢字が浮かばなかったので、「突合せ(つきあわせ)と言うことですか?」と漢字変換の確認をしたことがあります。

また、最近では「積極的平和主義」などのように、聞き心地がなんとなくよくても、中身が今一つはっきり見えにくいことばも横行しています。まず、中身をしっかりと考えてみることが欠かせません。

これがカタカナことばや英語の略語になると、意味を理解せずに使っているということがさらに頻繁に起きてしまいます。

ある企業の部長研修で、次の問いを出してみました。

●「ホールディング・カンパニー」は□□会社のことです。□を埋めてください。□は漢字です。
●CEOは英単語で何を意味するのか書いてください。

正答率はどちらも1割にもいきませんでした。ちなみにその会社も「ホールディング・カンパニー」だったのです。他の会社でやってみても、年齢にかかわらず答えられた人は過半数を超えたことがありません。とっさに「持株会社」が出てこない、あるいはCEO＝最高経営責任者という日本語の訳だけしか知らないという若手の社員がいることは十分考えられます。しかし、管理職者で普段使っているにもかかわらず、そのことばの意味があやふやというのはちょっと心配です。

CEO = Chief Executive Officer の executive は execute という動詞から来ています。もともとは裁判の刑を執行するという重い意味があります。執行役員の執行です。役職が上になればなるほど、その重みは感じてほしいと願うわけです。

カタカナことばはやっかいですが、おっくうがらずに考えることが重要です。次はいかがでしょうか？

クラウドコンピューティング
クラウドファンディング
クラウドコントロール
それぞれクラウドを英語になおしてみてください。

雲（Cloud）なのか群衆（Crowd）なのか、という問いですが、カタカナだけしか意識していないと混乱してしまう一例です。念のため、最初の二つが Cloud で、最後が Crowd です。

◎ことばのつながりに注意を払う

次に、「ことばのつながりに注意を払う」にいきましょう。ことばとことばのつながりに注意を払うというのは、我々の思考プロセスのアルゴリズムを点検することです。アルゴリズムがおかしければコンピューターが動かなくなるのと同様、ことばのつながりが支離滅裂では思考に破綻をきたしてしまいます。ことばのつながりがしっかりできれば論理思考がすぐに身につきます。

例えば、「そもそも」や「本来」で始めた文章は、その後に事実、原理原則、定理や公理の自明のことが来ます。「おそらく」で始めた文章は、その後に推論がくるわけです。ですから「そもそも、会社はトマトです」、とか「おそらく、トマトは無機物です」というような文章には、誰もが違和感を持つわけです。

ところが、会議の時によく見受けられることですが、話が長く、その人の話を聞いていると「つながり」が見えなくなってしまう話し手がいます。「つまり」で始めたのに、まったく詰まっていない人、「そもそも」で始めたのに、何が「そもそも」に相当するのかが見えない人、あるいは「おそらく」と言っているのに、推論とは言えないような強引な理由づけを延々とする人などです。

短い文章では、さすがに「ことばのつながり」の矛盾に本人も気づくのですが、ダラダラと話しながら、自覚を持たない人は少なくありません。そのうちに、自分自身でも何が言いたいのかわからなくなってきます。自分自身がわからなくなるということは、相手はもっと混乱していると思っていいでしょう。

そうならないためのコツは二つあります。まず、今述べたように文章を適度に切ることです。話している時に、意図的に「読点」を入れて短文にしてみるのです。

次に、「論理がわかりやすい接続詞」を意図的に使うことです。順接ならば、「したがって」「故に」「よって」「以上から」など、逆説ならば、「しかしながら」「だが」「けれども」、情報を付加するならば「つけ加えると」「ご参考までに」などなどバリエーションをそろえておくとよいでしょう。

ことばにほんの少し意識を向けるだけで、思考の精度が高まり、コミュニケーションが円滑になります。実践してみてください。

05
Lesson

クリティカル思考を身につける

◎論理性と分析力

２０００年を過ぎたあたりから、「論理思考」や「クリティカル思考」に関する書籍が多く出回るようになり、それ以来「ロジカルシンキング」という和製英語もかなり普及しました。その背景としては、これまで述べてきたように「多異変な時代」の中で、人との多様性の高い、明確でわかりやすいコミュニケーションが求められていることがあります。加えて、情報が氾濫する中で、取捨選択する能力がますます必要になってきているからです。

文部科学省も、平成24年6月に発表した「大学改革実行プラン」において、「クリティカル・シンキング重視の入試への転換」が提唱されています。

私自身、クリティカル思考なるものに出会ったのは、１９９０年、ビジネススクールの準備をしていた時です。受けなければならないテストにCritical Reasoningという項目がありました。多少の読解力を要しますが、論理的に考えることができるかどうか、情報を冷静に分析できるかどうかが問われます。法科大学院のテストや、コンサルティング会社の筆記試験にも同様の問題が出題されます。3問ほど用意しましたので、ぜひ、トライしてみてください（解答は255ページ）。

1　あるエコノミストが最近の果物と野菜の価格が上がったことによって来月の物価指数が上昇すると述べています。このことから推論しにくいのは？

A　果物と野菜の価格は急上昇した。
B　消費者は果物と野菜の消費を減らした。
C　果物と野菜の価格は物価指数算出の重要な要素である。
D　食べ物の価格の変化は物価指数にすぐ反映する。
E　物価指数算出に含まれる他の品目の価格は大きくは下がっていない。

2　「1週間以内の返済では利息なし」という消費者金融の広告が増えています。この事実に基づいて、次の中から妥当な推論として成り立ちにくいものを一つあげると？

A　消費者金融における収入は金額ベースで1週間以内の返済が多い。
B　消費者金融における収入は利用者の人数ベースで1週間以内の返済が多い。
C　消費者金融における収入は金額ベースで1週間超の返済が多い。
D　消費者金融における収入は利用者の人数ベースで1週間超の返済が多い。
E　消費者金融においては、リピーターの獲得は重要である。

3　あるビール会社が「プリン体」を90％カットすることに成功したビールを発売することになりました。この会社では「プリン体」について以下のことを説明しています。

●あらゆる食品や一部のアルコール飲料に通常含まれている成分です。
●人によっては、とりすぎに気をつける必要があると言われています。
●それ自体の味は弱く、ほとんど味は感じません。

このビールを拡販するために必要な項目をもう1点追加するとすれば？

A　もちろん、「プリン体」のとりすぎを気にしなくてもいい人はいます。
B　ビールに含まれている「プリン体」は主に麦芽に由来しています。
C　ワインの中には「プリン体」を含まないものもあります。
D　味覚のするどい人は「プリン体」を識別できます。
E　焼酎や日本酒にも「プリン体」は含まれています。

◎基本は「分ける」こと

もちろん、このテストで見ているのはクリティカル思考の一部にすぎません。クリティカル思考とは、論理的な検証も含めて、自らの認知バイアスも冷静に対処した上で判断する思考であり、その意味でクリティカル思考は「論理思考」を内包しています。創造モードのクリエイティブ思考に対して、検証モードの思考であると言っていいでしょう。

「批判思考」と訳されていることがありますが、これだけ見ると、批評したり、文句を言ったりするのでは、と思われてしまうかもしれません。しかし「批判」の判は判断の判ですから、本来の「批判精神」とは、決して安直に反対することではありません。

英語環境では、Critical Thinking は高等教育を受けた者は身につけていなければならない、というぐらい広く認識されています。自然科学から社会科学まで、仮説を立て、仮説検証のプロセスを考え、そのプロセスでどんな間違いが生じやすいのか、どうしたら重要な因子を抽出できるのか、これらを考える上で必要なのがクリティカル思考です。

クリティカルの語源はギリシャ語の「分ける」にあります。「分ける」がしっかりできると「わかる」になりますし、まさに「分別」ということばは「分ける」「別れる」の組み合わせです。カタカナでもよく目にする、クリティカルマス、クリティカルポイントのように、「クリティカル」には「この先（質量あるいは温度など）を超えると臨界点を迎える」というように、「重大な分かれ目」という意味合いがあります。まさにそれを見極めるのがクリティカル思考なのです。

こうして見ると、なぜ、クリティカル思考が、世の中で取り上げられてきたのかがよく理解できます。

06 Lesson 理論的思考の基本、MECEを理解する

◎重要なMECEの考え方

「クリティカル思考」や「論理思考」のブームで広まったことばの一つにMECEがあります。Mutually Exclusive Collectively Exhaustive の略で「お互いに重ならないし、合わせると漏れがない」、つまり「ダブりなく、漏れなく」という意味です。ミーシー、もしくはミッシーと発音します。マッキンゼーの社内用語であるとされていますが、数年前、そのさらなる「出所」がわかりました。アメリカの中学校の数学の教科書に Mutually Exclusive Collectively Exhaustive とそのまま書かれていたのです。集合論の「補集合」についての箇所です。

補集合

AとĀ（Aの補集合）

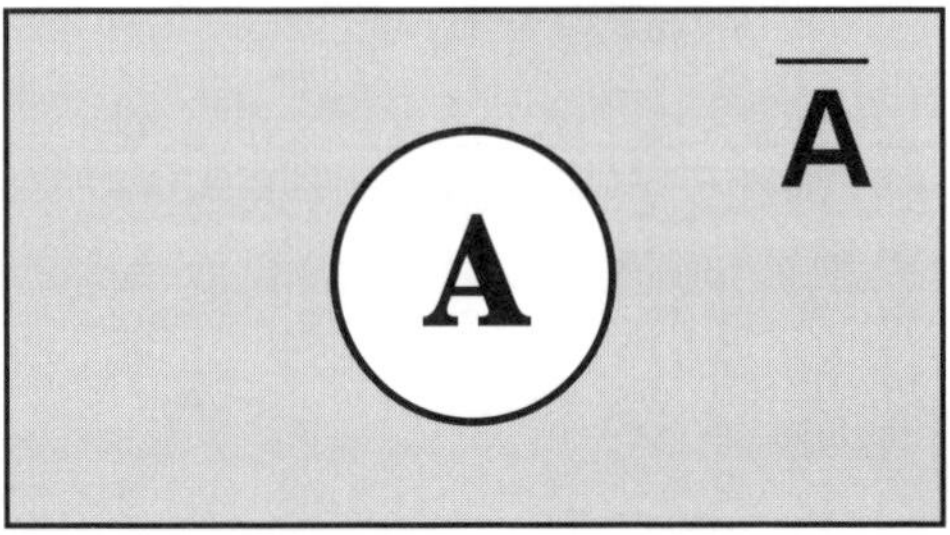

「Aという集合があれば、A以外のことをAの補集合と言う」

学校で学んだ記憶があることでしょう。当たり前のことですが、AとA以外は、「お互いに重ならないし、合わせると漏れがない」という状況です。この集合の理論を応用し、論理的に考える基本としてMECEということばが普及したわけです。

◎「それと、それ以外」

例えば、動物の分類ならば脊椎動物と無脊椎動物、物質ならば有機物と無機物、言語なら自然言語と人工言語というように、「それと、それ以外」的な区分で2分割される切り分けは我々の身近にあります。この時、「何について」というのが全体集合の枠の部分です。

MECEは集合の輪が基本であることを押さえておけば、応用も簡単です。二つに分けるだけではなく、3分割、4分割も可能です。ただその時に、ダブりも、モレもないことが重要なのです。我々の日常の言葉の中には、実はMECEコンセプトが少なくありません。練習してみましょう（解答は255ページ）。

例にならってMECEに分類してください。

例　動物を二つに分類すると？　（脊椎動物）と（無脊椎動物）

1　物質を三つに分類すると？　（　）と（　）と（　）〈漢字2文字ずつ〉

2　5大栄養素は？（　）（　）（　）〈ここまで漢字で〉、（　）（　）〈二つはカタカナで〉

3　感情を四つに分類すると？　（）（）（）（）〈漢字1文字ずつ〉

4　経営資源を四つに分類すると？（　）（　）（　）（　）

5　生活に重要な要素を三つあげると（　）（　）（　）

07
Lesson

「集合の輪」で考える

◎思考に「集合の輪」を取りこむ

「集合の輪」については、我々は小学校で習っています。多くの人が小学校で習ったのは、「集合の輪」を使った計算方法だったはずです。

例えば「クラスに40人の生徒がいます。国語が得意な生徒が15人。算数が得意な生徒が18人。両方とも得意な生徒は6人でした。さて、両方とも得意ではない生徒は何人いるでしょうか?」という問題です。集合の輪の中に人数を入れて計算するというパターンを繰り返したのです。

ところが実は我々は、「集合の輪」で考えることはほとんどやってきませんでした。次の問題を考えてみてください。

「バナナは果物である」
バナナと果物をあらわす集合の輪をそれぞれ書いてください。

そうすると、果物の集合の輪の中に、バナナの集合の輪が入るのは誰にでもできるでしょう。次ページに解答があります。次です。

「バナナは果物である」「バナナは黄色い」
バナナと果物と黄色い物の集合の輪は、次ページのⒶⒷⒸのどれでしょうか。

この問題はかなりチャレンジングです。多くの人が「黄色い物」をどこに置くべきか思案します。「バナナは黄色い」という命題の真偽を判断しなければならないからです。「バナナは果物である」という命題については、誰もが自明の理であり、真であると判断します。問題は二つ目のお題で、緑のバナナや茶色のバナナが思考の範囲に入っていたか

集合の輪

「バナナは果物である」の解答

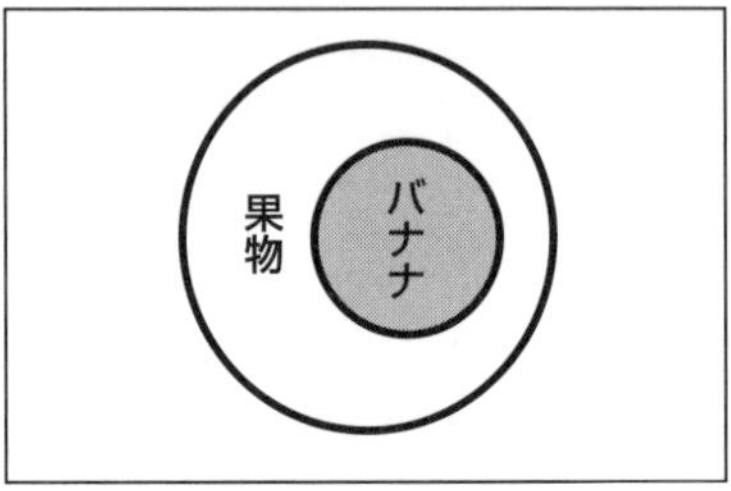

では、「バナナ・果物・黄色い物」はどれ？

Ⓐ

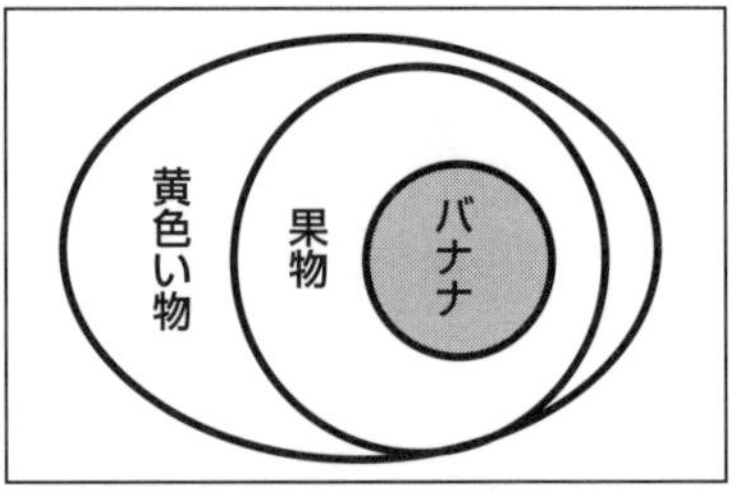

Ⓑ

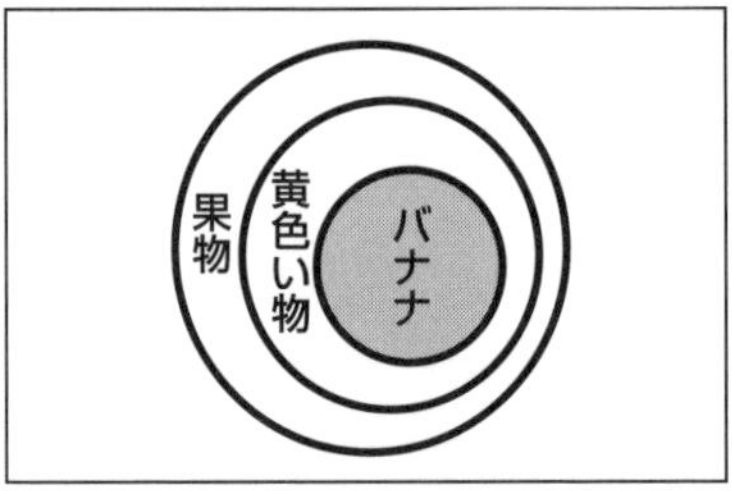

Ⓒ

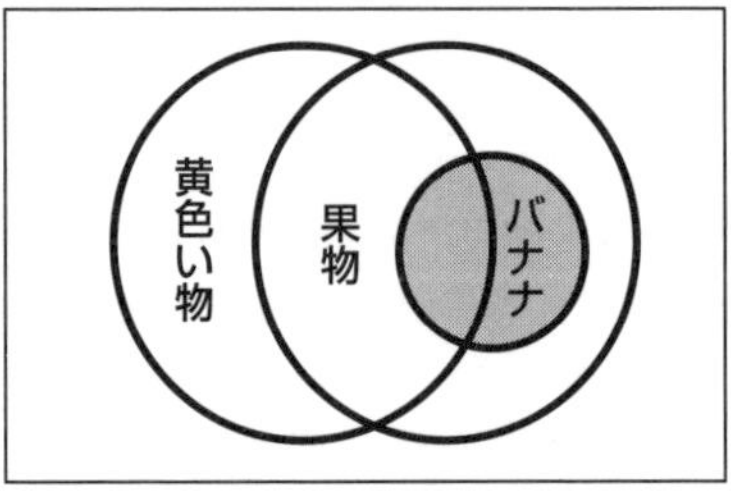

否かがポイントになります（解答は255ページ）。

このように、ものごとを分けること、分けた要素と別の要素の関連を考えることは、考える基本であり、集合の輪を使って考えることによってよりわかりやすくなります。

◎KFSで分析する

また、集合の輪を意識しておくと、仕事の中で噛み合わない話の原因も理解しやすくなります。一例をあげると、KFS（Key Factor for Success）もしくはKFS（Key Success Factor）——いわゆる成功要因という概念があります。

新規事業のKFS、プロジェクトチームのKFSという具合です。成功要因は、三つから七つあげることが通常です。例えば、プロジェクトチームの成功要因をあげると次の五つが考えられます。

- プロジェクトの目的、ゴール、何を出すのかが、メンバー間で共有されていること。
- メンバーの役割と責任が明確であること。
- 進捗管理が自主的にできること。

・コンフリクト（対立）のマネジメントができること。
・支援体制が確立されていること。

これら五つの要因がすべて重なるところが、KFSであり、それは図のような関係になります。

会議などで、プロジェクトの支援がテーマになった場合、「支援をすれば、今回のチームは必ず上手くいくのですか?」というような懐疑的な反論が出ることがあります。そんな時に、「支援体制の確立は、あくまでもプロジェクトチームの成功要因の必要条件の一つです。したがって、他の諸要件も実現して初めて成功要因の必要にして十分条件になるのです」と述べれば、冷静に、しかも効果的な対処ができるわけです。

集合の輪で見る成功要因(KFS)

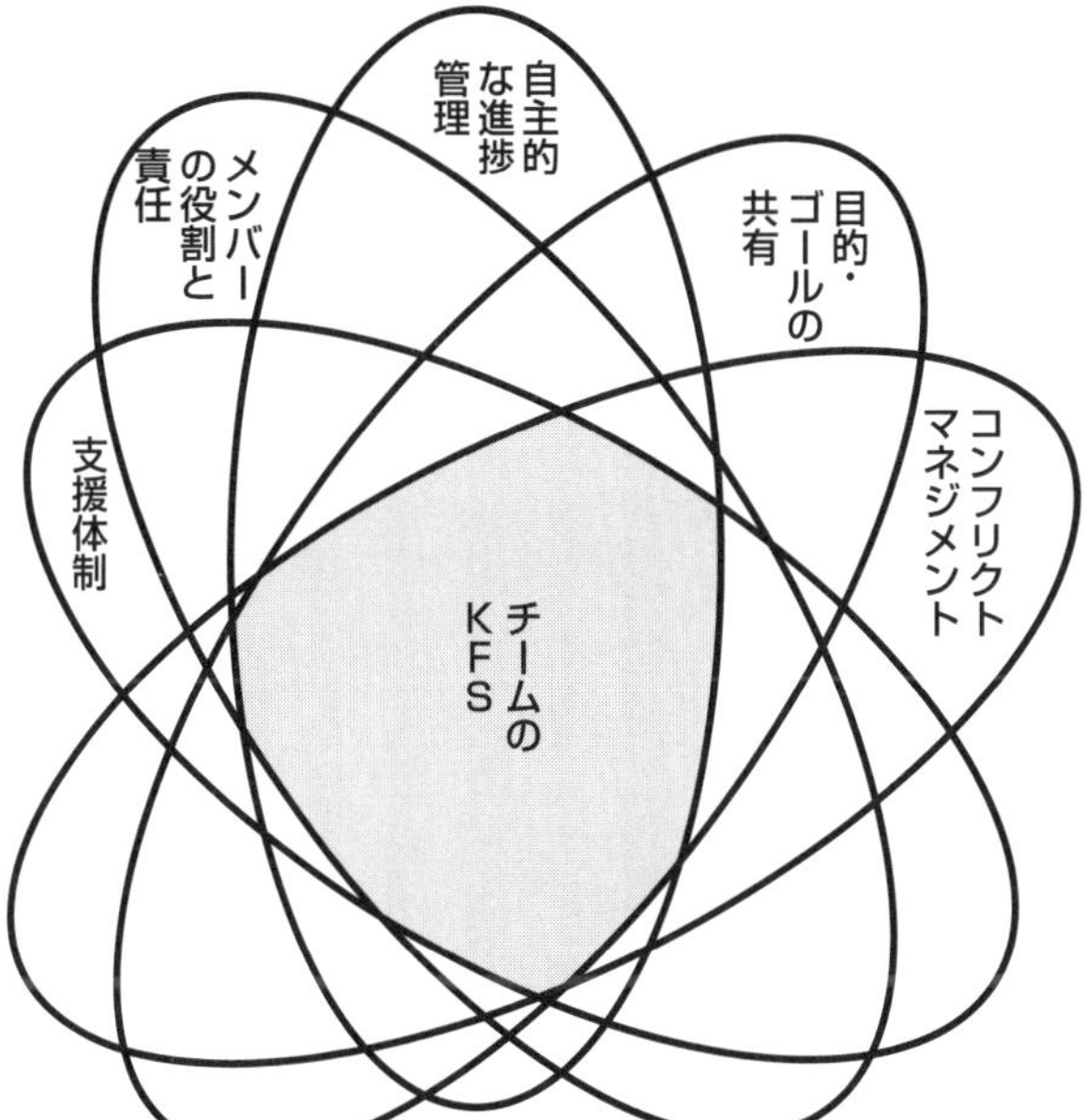

08 *Lesson*

マトリックスで区分し、まとめる

◎ベーシックな思考整理法

分けたものをまとめることは、アタマの動かし方の基本です。明確な区分を保ちながらまとめることは思考の整理になりますし、他者へ伝える時に効果的です。そこで、代表的なまとめ方を紹介しましょう。

まず、マトリックスの考え方です。コンサルタントはよくマトリックスで説明すると言われています。マトリックスは軸を二つとって、それぞれＭＥＣＥになるように4分割したもので（左ページ上図）、それを集合の輪に戻して図示すれば左ページ下図のようになります。

マトリックス

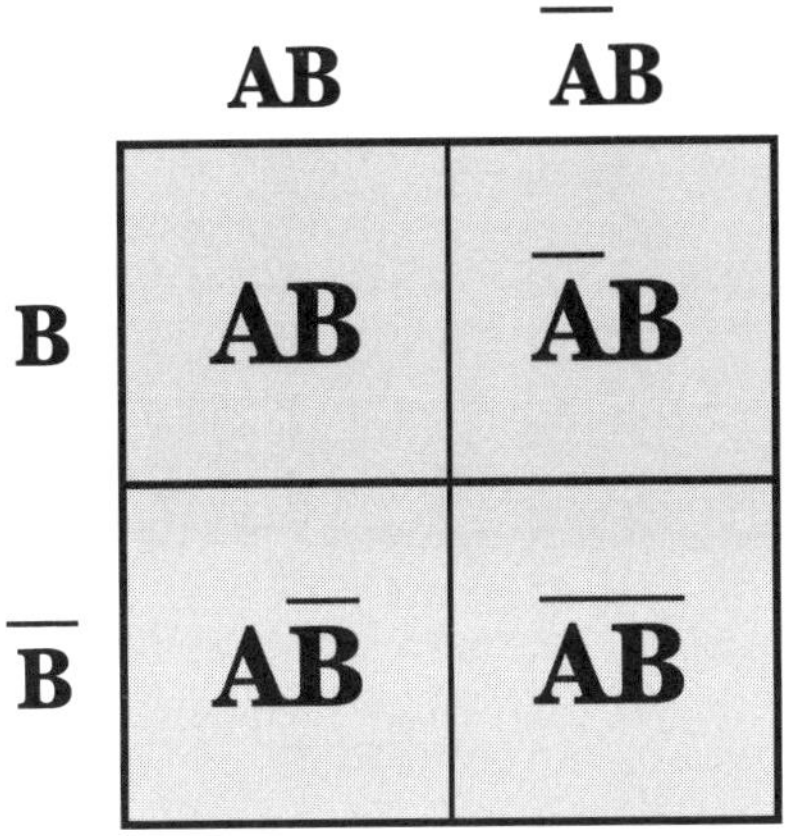

AB
$\overline{A}B$
B
$\overline{B}$
AB
$\overline{A}B$
$A\overline{B}$
$\overline{AB}$

集合の輪

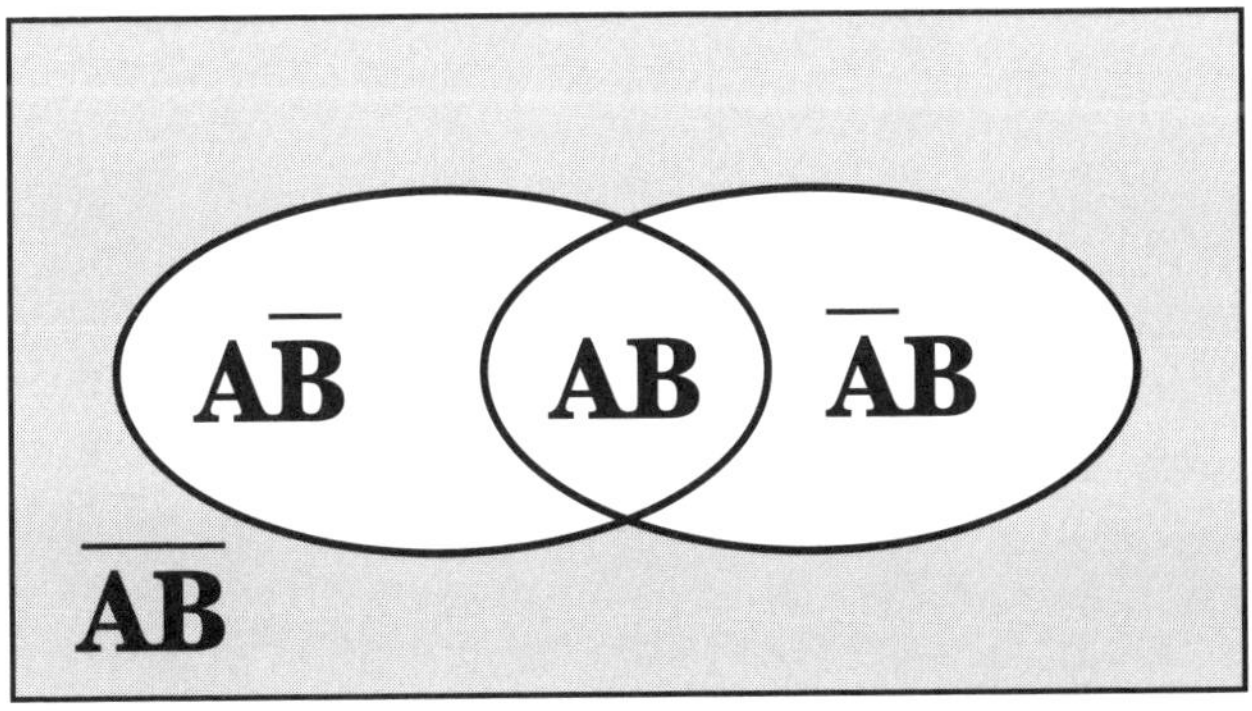

$A\overline{B}$
AB
$\overline{A}B$
$\overline{AB}$

もちろん、軸を3分割にすれば6分割、あるいは9分割のマトリックスができます。ただし、メッセージを明確にするためには、4分割のマトリックスのほうがわかりやすく多用されています。

イゴール・アンゾフの多角化モデル（左ページ上図）から、「ジョハリの窓」（左ページ下図）まで、戦略論からコミュニケーション理論まで、皆さんもマトリックスで表されたモデルを見たことがあるでしょう。現実の仕事の中で、市場の絞り込み、調達先の選別など、ありとあらゆる場面でマトリックスが使われています。

アンゾフのモデルも「ジョハリの窓」も、いい意味でクラシックなマトリックスモデルです。どちらも当たり前のことにも見えますが、「多角化とはそういうことか！」「盲点に注意しなければならないのか！」と我々に気づきを与えてくれるのです。

自分でマトリックスをつくる時は、軸の取り方が鍵です。簡単なところから練習してみましょう。

先ほど、動物をＭＥＣＥになるように2分割すると、脊椎動物と無脊椎動物という区分があると述べました。

では、「脊椎動物」と「無脊椎動物」をＡの軸で区分したら、Ｂの軸でどのようなＭＥ

アンゾフのマトリックス

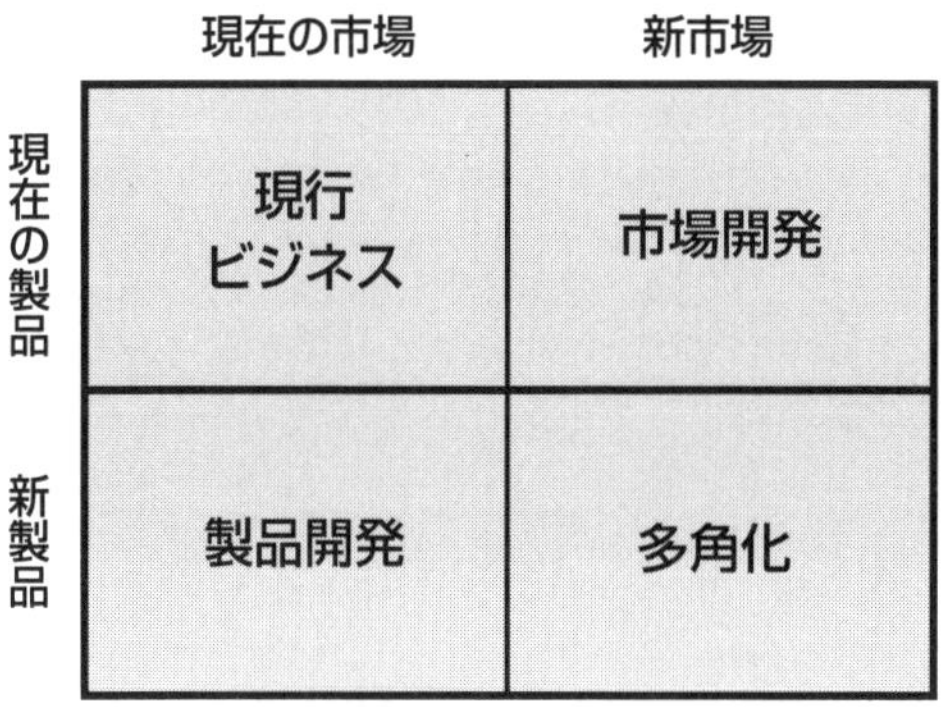

	現在の市場	新市場
現在の製品	現行ビジネス	市場開発
新製品	製品開発	多角化

ジョハリの窓

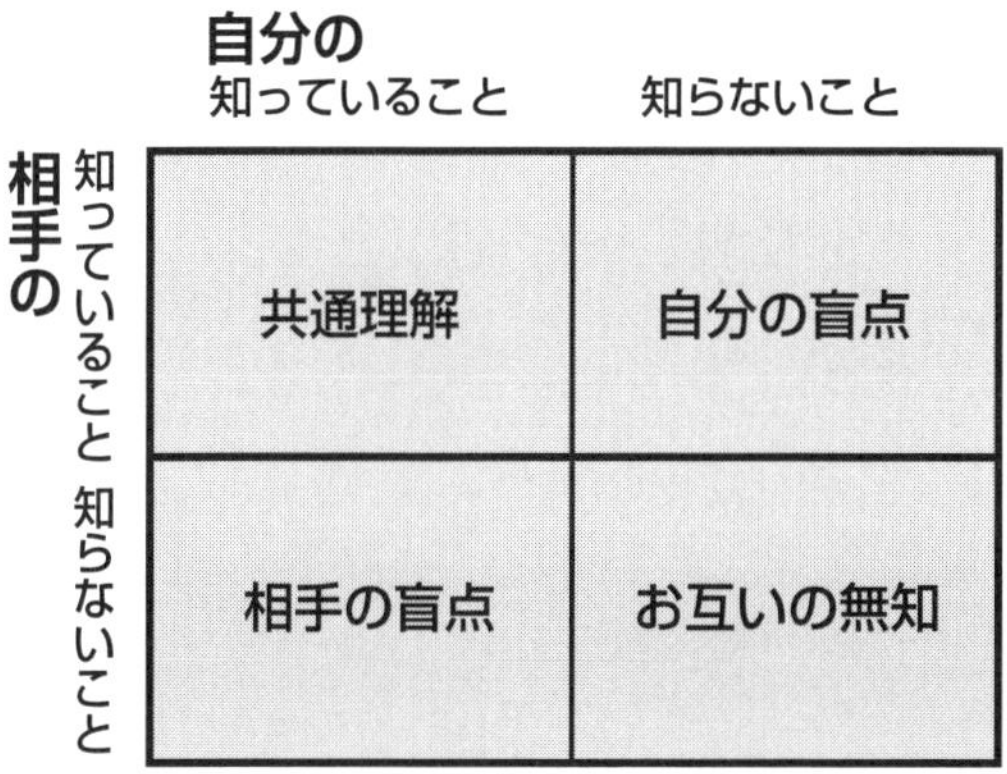

	自分の知っていること	知らないこと
相手の 知っていること	共通理解	自分の盲点
知らないこと	相手の盲点	お互いの無知

ＣＥになるものが入るでしょうか？　五つぐらい違う切り口を考えてみてください。条件は、すべての動物はマトリックスの４象限のどこかに入るということです。

◎１人ブレストで考える

一般的に、「切り口を自分で考える」と聞くとまごつく人が少なくありません。これは、構想力の基本的な練習なのですが、日本の教育制度の中ではやってこなかったことです。したがって、「さて、どうしようか？」「何から始めればいいだろうか？」と考えた人は、気楽に自分でブレーンストーミングをしてみてください。

ただし、ＭＥＣＥになっていることが条件ですので、モレがあったり、ダブりがないように注意しなければなりません。よく出てくる発想としては、「オスかメスか」「肺呼吸かエラ呼吸か」「水中か、陸上か」などが出てきます。ただし、それぞれ「雌雄同体はどこに入るのか？」「皮膚呼吸は？」あるいは「併用している動物は？」「水陸両方で生息しているのは？」とモレやダブりへの対応が必要になってきます。もちろん、表現として「陸上で生きることができるのか、できないのか？」というように変えれば可能です。

では、ＭＥＣＥになっている切り口をいくつかあげましょう。例えば50センチ以上・50

センチ未満、10キロ以上・10キロ未満というように大きさや重さは切り口になります。このように数量化して定義すればMECEの切り口はすぐできるでしょう。

機能を見て、飛ぶ・飛ばない（この場合も数値で「飛ぶ」を定義すればいいわけです）、毎秒50センチメートルの移動が可能か否かなども切り口になります。あるいは、変態するかしないか、など、切り口はいくつも可能です。

軸を考える際に注意すべきなのは、二つの軸はお互いに独立していること、言い換えると従属変数ではないことです。片方の条件によってもう一つの条件が規定されているならば、4象限をとる意味がないからです。最後にお題です（解答は255ページ）。

> 次の二つのもののMECEになっている軸をとって、四つに分類してみてください。分類後、4象限それぞれの意味を考え、ネーミングをしてみてください。
> ・自動車
> ・レストラン

Lesson 09 ピラミッド構造で「分けたもの」を可視化する

◎全体像と関係性を見る

マトリックスと同じく、論理思考のツールとして普及したのがピラミッド構造です。まさに、「分けたもの」を可視化する代表的な手法です。

ものごとを整理して示す際には、自然科学から社会科学の分野まで、系統樹や体系図が使われています。全体像を見せながら、個々の要素の関係性が一目でわかるというメリットがあります。

１９９５年、バーバラ・ミントの『Pyramid Principle』という本が、日本で『考える技術・書く技術』という邦訳で出版されました。原著は、ＭＢＡを終了してマッキンゼーやブーズアレン（現ブーズ・アンド・カンパニー）などのコンサルティング会社に入社した人が、入社後すぐにレポートを手渡せるような論理的表現力を磨くバイブルなのですが、瞬く間に5万部売れたのです。

当時、シリコンバレーでコンサルタントとして働き出して4年目を迎えた私は、この本を一目見て、日本人に必要な本が出てきたと確信しました。理由は、多くの日本人ができていない「Why?」（なぜ？）の言語化、可視化、つまり、論理構成を的確に示すことについて書かれていたからです。「Why?」の体系図とも言えるものです。

コンサルティング会社ではなくても、英語環境で仕事をしていれば、必ずWhy?に対してBecause（なぜならば）を答えなければなりません。プレゼンテーションの時は、多くのWhy?に答えるように準備しなりませんし、いくら準備していても、その場で出てくるWhy?に対処できなければプレゼンターとして失格です。ビジネススクールや大学院に限らず、欧米の教育では「なぜ？」から始まる議論を大事にするからです。

◎三つの応用方法

ピラミッド構造の応用方法は三つあります。

まず一つ目は、提案型です。ある提言、提案をピラミッドの頂点に持ってきます。次に、なぜその提案なのか、論拠を整理し、さらにその論拠を支える根拠やエビデンスを用意するものです。プレゼンテーションの時の定番とも言えるものです。

二番目は探索型です。ロジックツリー、イシューツリー、あるいはディシジョンツリーもこのカテゴリーに入れていいでしょう。

図のように、ある争点について、イエス、ノー、もしくは三つ程度の選択肢を考え、さらにそれを分解していくものです。探索型と名づけたのは、最終的に何が最も重要な要素になるかを探索する場面で使われるからです。

三番目は体系図として、どのような要素が含まれ、相互の関連がどのようになっているかを可視化するものです。

いずれの使い方でも、基本になるのは、タテ軸とヨコ軸のチェックです。タテ軸のチェックとは、生物の分類で言えば、ヒトを爬虫類の下には入れないのと同様です。このカテゴリーでいいのだろうか？　という確認です。ヨコ軸では、その中ではＭＥＣＥが保たれているか、です。脊椎動物を分類する場合は、哺乳類、爬虫類、両生類、魚類、鳥類と五つヨコに並べて初めてＭＥＣＥになるということです。

ピラミッド構造の例

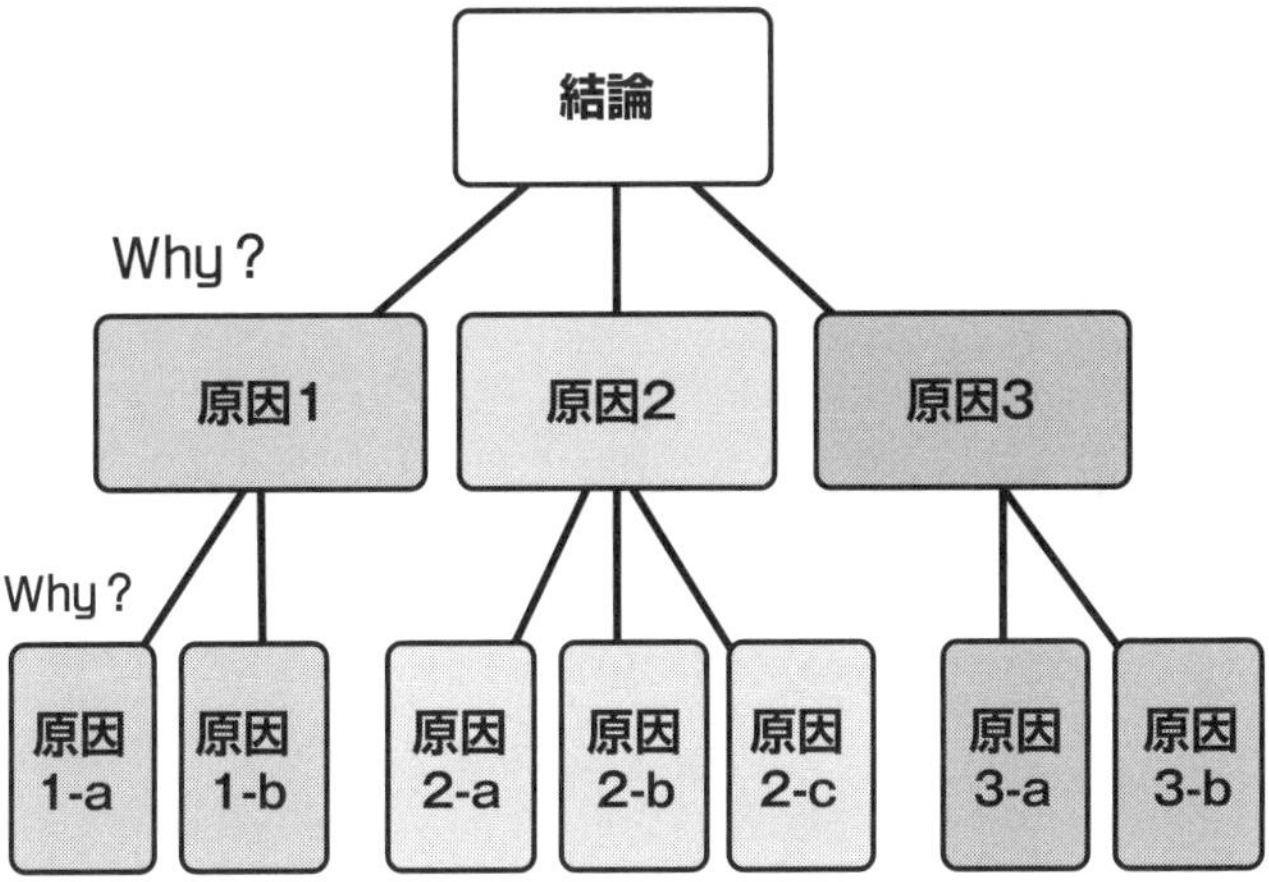

イシューツリーの例

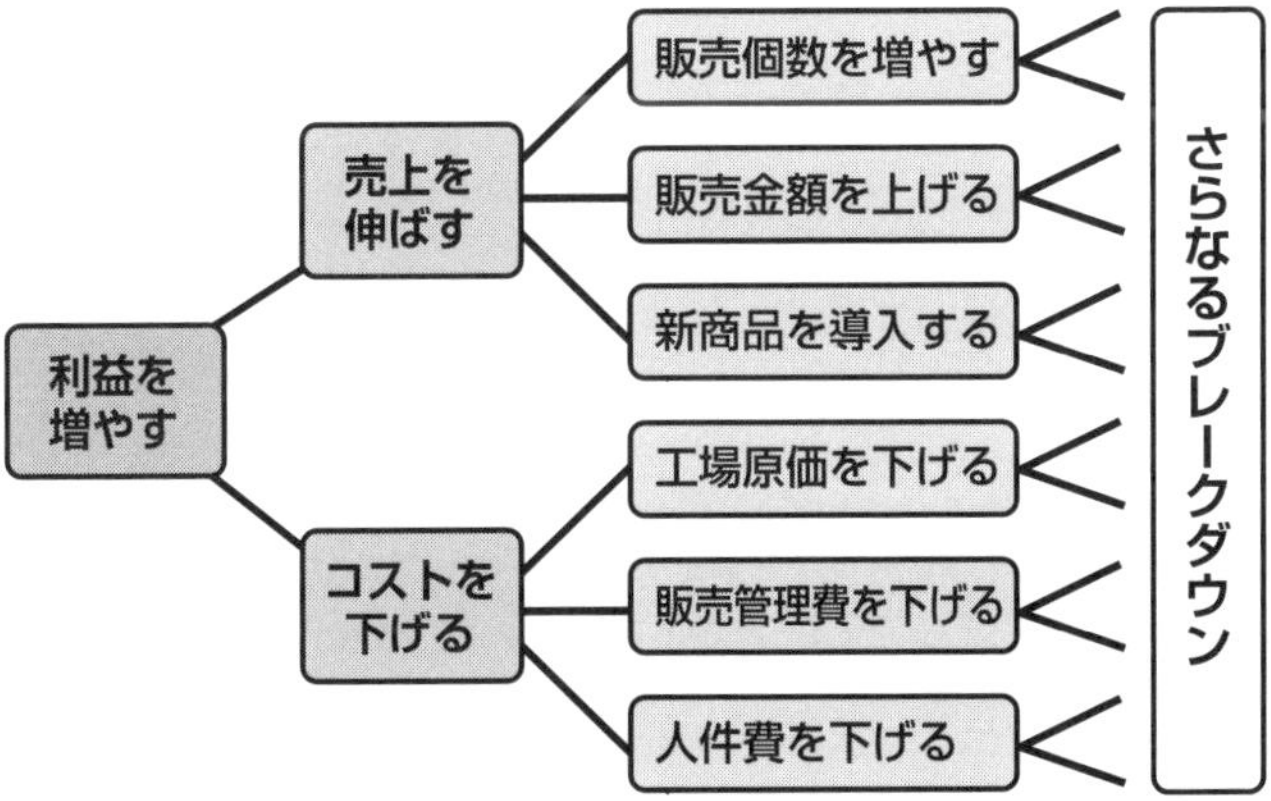

10
Lesson

因果関係に強くなる

◎雨が降ってきた。蛙がないていた

集合の輪から始まって、その応用とも言えるマトリックスやピラミッド構造を紹介してきましたが、これらは皆さんの頭の中を整理するだけではなく、他者との議論の際にも大変有効なものです。その意味で、使いこなせるようになるには練習は欠かせません。

集合の輪に加えて、我々の思考の精度、特に論理展開の精度を上げるために、押さえておきたい論理の原則がまだあります。

まず、因果関係です。

今、雨が降ってきた。
そう言えば、さっき蛙がないていた
この場合、雨が降ったことと、蛙がないたことは因果関係があるのでしょうか？

この問題は通常9割の人が「因果関係はない」と答えます。1割の人が「ある」と答えます。20人の参加者の場合は「ある」と答える人は、通常1、2名になります。

ある企業研修で、「なぜ、因果関係があると思いましたか？」と尋ねたら、生物学を勉強した人がとうとうと「蛙の呼吸器というのは、機能的に湿度感応性が高く、したがって通常、雨が降るのと蛙がなくというのは……」と解説しました。

「では、『因果関係ない派』の人、今の見解に反論してください」と言うと、18名近くいた多数派はシーンとしていました。生物学の知識を持っていることに感心していたのかどうかはわかりませんが、どうしたら反論できるかを思案している人が多いのです。中には「じゃあ、蛙がなくと、必ず雨が降るのですか？」と蓋然性の議論に入ってしまう人がいます。この反論では、「いつでも降るとは、誰も言っていません。おおむね、降るのじゃないですか」という具合に国会答弁のような展開になってしまいます。

こんな時、「蛙の呼吸器と湿度感応性」を述べた人に「それは相関関係があるという話であって、因果関係ではないのでは？」と的確な反論ができる人は、私がいろいろな企業で観察してきたところ3％ほどです。つまり、20人のクラスでは1人出るか、出ないかという状況です。

「相関はあっても、因果ではない」という表現は、多くの参加者がどこかで聞いているので頷きます。ちなみに、私がこれまで教えてきた企業は製薬、化学、電気・電子のメーカーからシンクタンク、コンサルティング会社が多いので、理系の大学院を出た参加者が60％以上という状況です。

「アタマで理解していても、とっさに表現できないんですよ」とこれまで、多くの受講者が自分のことばで素早く論理的な説明ができないもどかしさを語ってくれました。また、「何となく、因果関係ではないと思っていただけで……。ああいうふうに切り返せばいいのですね！」と的確な反論の発言者に感心する人も少なくありません。

要は、いかに多くの人が因果関係ということばを何気なく使ってしまっているか、ということです。

◎因果関係の三つの要件

ここで因果関係について確認しておきましょう。原因と結果の関係になっているかという意味で、次の三つの要件がすべて成り立っていないと、因果関係とは言えません。

- 原因が先にあって、結果が後である（時間的な順序がアベコベではダメ）。
- 相関関係が見られること（片方が変化した時に、もう片方にも変化があること）。
- 第三変数の排除（それって「本当の原因？」と常にテストすること）。

蛙の問題では、雨が「今」で、蛙がないていたのは「さっき」、つまり過去です。件《くだん》の生物学に詳しい参加者はまさに、蛙のなくことと、湿度の相関を語り、雨と湿度の相関もあるので、そのことにとらわれてしまったのかもしれません。ご自身の発言に第三者的に耳を傾ければ「蛙のないたことも、雨がふったのも湿度の変化が原因である！」とすっきり答えられたかもしれません。

蛙と雨の話に似ているのは、「燕が低く飛ぶと雨が降る」という言い方です。これも、前兆ではあっても因果ではない典型です。仕事の中でも、「A製品の売上げが落ちてきたのはB製品の不振が原因である。故にB製品のテコ入れが必要だ！」というような発言に出会うことがあります。「前兆と原因の混同」に要注意！　です。

こうして見ると、普段の会話では、因果関係ではないことをあたかも因果関係のように語ることがあまりにも多くないでしょうか？

「14勝1敗で優勝した力士は、10日目で伸ばしていたヒゲを剃った。唯一の1敗はその翌日だった。やはり、ヒゲは剃らないほうがよかったのかもしれない」などというゲン担ぎの類に限りません。

以前、弁が立つことで一世を風靡したある政治家が首相になった時に、サッカーの日本代表の試合を見にきて、その日、チームが勝った後の新聞記者による「囲み取材」で「まあ、私が来たから勝ったのじゃないですか」と言っていました。記者も本人も笑っていたので、真顔で「内閣総理大臣のこの私が応援することが原因で、選手がモチベーションを高めてその結果勝った」などという屁理屈はつくっていなかったと願いたいのですが、彼を持ち上げる「フィーバー」が始まり出したのは、その頃でした。

念のため。「新聞記者が持ち上げたから、フィーバーが起きた」とは言っていません。だって、第三変数はあまりに多くあるでしょうから。

Lesson 11 演繹法は積み木モデルでチェックする

◎日本人はロジックに弱いか？

「日本人はロジックに弱い」――これと似たような文章は、私も含めて多くの人が書いてきました。ただ、この表現では誤解を呼ぶことでしょう。「日本人以外でロジックに弱い人はいないのか？」「欧米人はロジックに強いのか？」「ロジックに強い日本人だっているんじゃないか？」、そして「ロジックに弱い」とは何か？　という「ロジカルな疑問」がわいてくるからです。

中には、「論理思考はアリストテレスの頃に確立している。故に、日本人がどうあがいても、彼等のような論理頭を身につけるのは無理であろう」という論調も目にしたことがあります。この後に「ならば、我々日本人は大和民族としての感性を活かし、西欧の論理に与してはならない」というような文章も「知識人」と言われるような人が書いているのを見ると、「えー、そんな結論に行ってしまうんだ！」と驚かざるを得ません。

私は、日本語の特性と教育制度、加えてことばの活発なやりとりをよしとしない社会風土の結果、多くの日本人が論理展開力を苦手としていると20年前から書いてきました。今も、その見解は変わりません。

アリストテレスの「弁論術」を少しでも読むと、２３００年以上前に、演繹法だけではなく論理的な対話を行うために必要なことが網羅されていることに驚嘆せずにはいられません。加えて、欧米の教育制度では対話をいかに大事にしているかということも、これまで40年間、欧米人と接してきて肌身に感じることです。

しかし、だからと言って、「論理頭を身につけるのは日本人には無理」というのは、それこそ論理に無理があります。論理とは、議論するための理《ことわり》であって、話の筋道を明確にすることです。その原理原則をほんの少し習得して習慣化すれば、誰でも身につけることができるものです。すでに紹介した「集合の輪」も「因果関係」も、論理を学ぶ重要な原理原則です。

あと二つ、習得しておきたいのが演繹法と帰納法です。

◎演繹法を可視化する

まず、演繹法です。これは、それこそアリストテレスの三段論法として広く知られています。

人は死すべきものである。
ソクラテスは人である。
故にソクラテスは死ぬ。

というものです。

論理学というと身構えてしまう人が多いかもしれませんが、基本を押さえればそれほど難しい話ではありません。どうしたらその基本中の基本である演繹法をわかりやすく伝えることができるのかを考えました。

それで、積み木モデルをつくりました。積み木モデルにしたのは、集合の輪を三次元で

演繹法

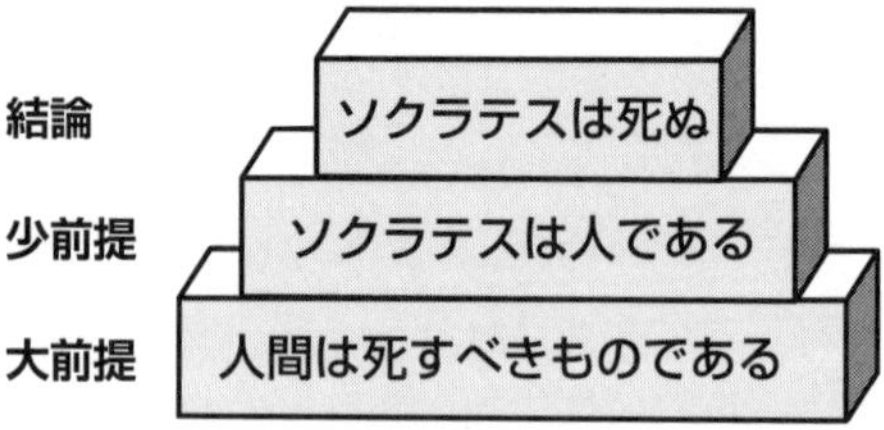
結論
ソクラテスは死ぬ
少前提
ソクラテスは人である
大前提
人間は死すべきものである

可視化できるからです。積み木でなければ、パイかケーキを積み上げているイメージを持ってみてください。

まず、「人は死すべきものである」という確固たる大前提を用意します。その上に、「ソクラテスは人である」という小前提を置きます。そうすると、「ソクラテスは死ぬ」という結論が正しいことであるのは一目瞭然です。

この積み木モデルでは三段論法の検証が容易になります。確固たる大前提とは、論拠として受け入れられる事実やものごとの原理原則でなければなりません。そして、大前提、小前提、結論と積み木が小さくなっていくことが重要なのです。上から見れば集合の輪が、「死すべきもの」「人」「ソクラテス」という具合に包含されているのです。

土台となる積み木＝大前提のチェックと、組み立て方の位置関係＝集合の輪が逸脱していないか、をチェックすれば簡単に演繹法の妥当性がチェックできます。

12
Lesson

帰納法は柱が十分かに注意する

◎帰納は推論の形をとる

演繹法と同じく、よく知られているのが帰納法です。これも積み木で考えるとわかりやすいでしょう。帰納とは、個別の出来事、事例、事象を証拠として、そこから共通点を見出して結論とする手法です。積み木で考えると、個々の事例である細い積み木を横に並べて、結論をその上に載せるイメージです。

帰納法で注意したいのは、最後の柱、次ページの図で言えば、四番目の柱の内容です。図の事例では、「歴史上死ななかった人はいない」と言えるから「人は死すべきものである」という結論が妥当であると言えるのです。

帰納法

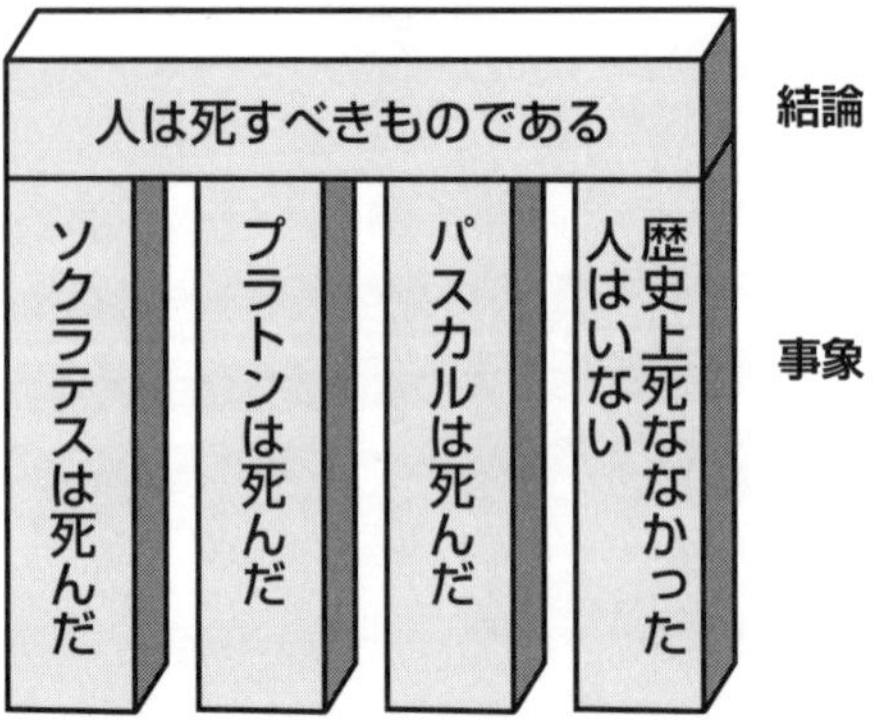

ところが、この「最後の柱」がなかなか見つからないのが現実です。つまり、「本当にそうなのか断言できない」わけです。それゆえ、帰納はあくまでも「〜であろう」という推論の形をとるので、帰納的推論と呼ばれるのです。

人間は本来帰納的に考える傾向もあるので、その妥当性についてはよく吟味する必要があります。そのポイントは、結論を支える柱が本当に十分あるのだろうか、という点です。

◎安直な帰納は思考停止

もうおわかりのように、マスコミの見出しには、柱であるサンプルが2本程度でも結論を導く安直なものがあります。

例えば、

国会議員のA氏は、選挙違反をしていた。
国会議員のB氏は、選挙違反をしていた。
したがって、国会議員はけしからん！

という論調です。もちろん、本来は我々の代表であるはずの議員なのに、という感情論については共感しますが、2人だけのサンプルでいいのだろうか、と考える必要があります。サンプル数が少ないにもかかわらず、結論に飛びついてしまう例としては、外国人に対するステレオタイプもあります。インド人とは△△である。なぜならこの前会ったインド人が△△であった、というような話は皆さんも聞かれたことがあるでしょう。
世間に広く流布しているような、安直な帰納法に飛びつかないことは、思考の精度を上げることにつながるものです。

第2章

知力を活性化する

12のレッスン

01
Lesson

「笑い」は知力を活性化する

◎思考力強化研修で見えてくること

ゼムクリップは本来、紙を挟む事務用品です。
それ以外の用途を20考えてみてください。

今から15年ほど前から、各企業で「思考力強化研修」を数多く開始するようになりました。対象は新人から役員まで幅広く、2日間から3日間、あらゆる角度から徹底的に「考える」ことを鍛えるものです。冒頭のクイズはその一つです。

このお題では、20名程度の参加者を4人のグループに分けて、どのグループが最初にできるかを競ってもらっています。その際には、他のグループに聞こえないように、答えをホワイトボードに書いてもらい、「筆談とジェスチャーだけで、取り組んでください」と指示を出します。

興味深いのは、このクイズのシンプルさ故に、「考えること」に必要な要素が浮き彫りになってくることです。

まず、ホワイトボードの前で4人がそれぞれ腕組みをして固まっているチームがあります。誰かが何かを書けばいいのですが、そのきっかけがなかなかつかめない状況です。一方、どんどん思考が連鎖して書いていくチームがあります。

私は、作業を開始する際に「筆談とジェスチャーだけで協業してください。ただし、笑いは制限しません」と宣言することにしています。

腕組みをして固まっているチームでは、「笑い」は起きにくいものです。たまたま、誰かがアイデアを出したところで、他の人が「本当に使える?」と実用性を問うとそこでアイデアを出した人が止まり、ボディランゲージも固まってしまうことがよくあります。

一方、どんどん思考が連鎖するチームは「笑い」が絶えません。例えば、つまようじ、耳かき、爪のあかとり、という「オヤジ系3点セット」を書く人は少なくありません。あるいは、誰かがネックレスと書くと、イヤリング、ピアス、ブレスレット、アンクレット、携帯ストラップという類似したものは連鎖しやすいものです。アクセサリー系を続けて「へそ輪」、「鼻輪」と数を増やすチームも出ます。中には、「縄跳び」「テーブルクロス」「くさりカタビラ」と大胆にして豊かな想像力を発揮する人も出ます。

「笑い」は「そんなの、ありっ⁉」と思った瞬間に出るわけです。言い換えると、「思考の枠」や固定概念からはみ出た時に笑いが自然に出るものです。すると雰囲気は和やかになって、よけいにアイデアが出しやすくなるのです。

笑いが一つも出ない会議で、イノベーション（革新）やクリエイティヴィティ（想像力）を生み出すことはできません。しゃちほこばってメモを読み上げるような会議が未だに多くの企業で存在しています。笑いの効用をもっと活かす必要があるわけです。

◎ＩＤＥＯの「ブレイン・ライティング」

シリコンバレーのＩＤＥＯというコンサルティング会社は、世界中のクライアントにデザインを切り口として様々なサービスを提供しています。同社のユニークな特徴はいくつもありますが、その中の、ブレイン・ストーミングならぬ、「ブレイン・ライティング」というものがよく知られています。IDEOの本社で実際にそのプロセスを見せてもらいましたが、大きな部屋の片側がすべてホワイトボードで、5~6人のスタッフがどんどんアイデアを書いていくのです。

出てくるアイデアの数は、1時間に100を超えるそうです。鍵となるのは、他の人が出したことの批判や検証をしないことです。ブレイン・ストーミングやブレイン・ライティングの場合はあくまでも、アタマのモードを「想像モード」にセットすることです。

ところで、「クリップ」のお題をやっていただくと、多く書けたチームに対して書けなかったチームの中で怒る人がたまに出ます。開始してから2、3分経過すると、アイデア出しならば、実用性にこだわらなくてもいいと理解できる人が大半ですが、人の固定観念も千差万別です。「ずるいじゃないか！ クリップはつなげていいのか?」、あるいは「形を変えていいのか?」と大声で他のチームメンバーに言った人もいました。まさに、思考の枠は自らがつくり、アタマの活性化を阻んでしまうわけです。

そんな、アタマの規制こそ、笑い飛ばしてしまいましょう！

02 Lesson

拡散思考で制約を捨てる

◎イノベーションの実現に必要なもの

今、多くの企業がイノベーションに取り組んでいます。イノベーションは技術革新と訳されることがありますが、技術だけにとどまりません。調達、製造、販売、すべてのプロセスの中で新機軸を打ち立てなければ、企業は生き残ることができません。古くはジョセフ・シュンペーターや、ピーター・ドラッカーもイノベーションについては語ってきました。そして、クレイトン・クリステンセンの名著『イノベーションのジレンマ』が出版されたのは１９９７年です。ちょうどその頃、「多異変な時代」に突入していることがようやく日本で認識され始めていました。

ただし、大多数はまだそのことに気づいていませんでした。当時、日本企業は「平成不況をいかに乗り切れるか?」ということが最重要課題になっていました。ただ実は、拙著『変革リーダーの技術』(2001年初版)でも指摘していますが、この問いの立て方自体が勘違いなのです。「乗り切る」ということばには根底に、「時代の転換点」を意識しないで、サイクリカルなもの(待っていれば、また好景気が戻ってくるという解釈)という発想があります。経営者もマスコミも深く考えないのは残念ながら変わりません。

「多異変な時代」の中では、これまで以上にイノベーションは重要な意味を持ってきます。イノベーションを実現するにはあらゆる場面で創造性を発揮しなければなりません。その鍵は拡散思考にあります。

数年前のことです。You-Tubeを見ていた長男が「お父さんのクイズをこの人も出している!」と教えてくれました。イギリスのケン・ロビンソン卿でこの数年、教育界で話題になっている人です。確かに彼もクリップのお題を例として紹介していました。ケン・ロビンソン卿のスピーチは示唆に溢れたメッセージを伝えています。TEDスピーチでも登場して、3700万回を超えるアクセスがありますのでぜひ見てみてください。

彼は、現在の教育制度の枠組自体が産業革命の時代につくられたものから逸脱していないことを指摘しています。そして、今日の学校で教えていないけれども重要な思考方法の一つとしてDivergent Thinking（拡散思考）を取り上げています。拡散思考とは一つの問いに対して多くの可能性を考えるもので、想像力の中核であることを述べています。

◎想像力の中核となる思考

拡散思考ということば自体は、カードを使って問題の構造化を行うKJ法で有名な川喜田二郎氏が40年ほど前にも紹介していました。また、マインドマップで知られるトニー・ブザンの放射状思考（radiation thinking）も基本的には拡散思考の応用です。いずれも、制約にとらわれないで「連鎖しやすいという思考特性」を活かしたものです。

ケン・ロビンソンの話は、我々が幼少の頃は、こうした拡散思考を持っているにもかかわらず、教育制度によって柔軟な思考が鋳型にはめられていることを的確に指摘しています。日本の生徒は特に、「先生が求めている答えは何だろうか？」「こんなことを言ったら恥ずかしい」ということにとらわれやすいものです。こうした内なる声が、我々の知力の可能性を封じ込めています。柔軟な知力を得るためにはまず、拡散思考を解放することが欠かせないのです。

03
Lesson

結晶性知性は年齢に関わりなく伸びていく

◎流動性知性と結晶性知性

皆さんは年をとればとるほど、頭はだんだん悪くなっていくとか、脳の力が低下していくという言葉を聞いたことがありませんか。実はこれは都市伝説と言っていいほど根拠のない通説であると、今の脳科学者、あるいは認知心理学者、教育学者たちは述べています。

その代表的な論文として１９６０年代、イギリス人のレイモンド・キャッテルは、知性、知能には２通りあり、流動性知性（知能）と結晶性知性（知能）という概念を発表しています。

流動性知性は、若い頃に急激に上昇し、二十代前半にはすでに下降線をたどると言われています。この流動性知性は、短期記憶や集中力、パターン認識に関与するもので、一度に数字を覚えたり、新たな言葉を覚えたり、外国語の習得の時に役立つものです。

一方、結晶性知性は、ことばの意味を考えたり、それまで培ってきた経験であるとか、本人の様々な学びが結実し、課題に対して判断したり、打開策を考えることができる知性、知能という意味合いのものです。結晶性知性は何と六十歳から七十歳くらいまで伸びるとされています。

レイモンド・キャッテルがこの二つの知性の概念を発表したのは、1963年ですが、多くの脳科学者も支持しています。図にすると、まさに年をとればとるほど伸びていくというのが結晶性知性の特徴です。

一つ興味深い事例を紹介しましょう。

皆さんは大きな会議で同時通訳の人の仕事を見たことがありますか？　通訳の人は2、3人のチームで5分前後ごとに担当者が入れ替わっています。そのぐらい集中力が必要とされるからです。

ところが、英語とフランス語、英語とドイツ語ではどういう状況かと言うと、同時通訳者は、それほど頻繁には入れ替わらなくてもできるそうです。ヨーロッパ言語同士では、

生涯を通じての流動性知性と結晶性知性の発達曲線

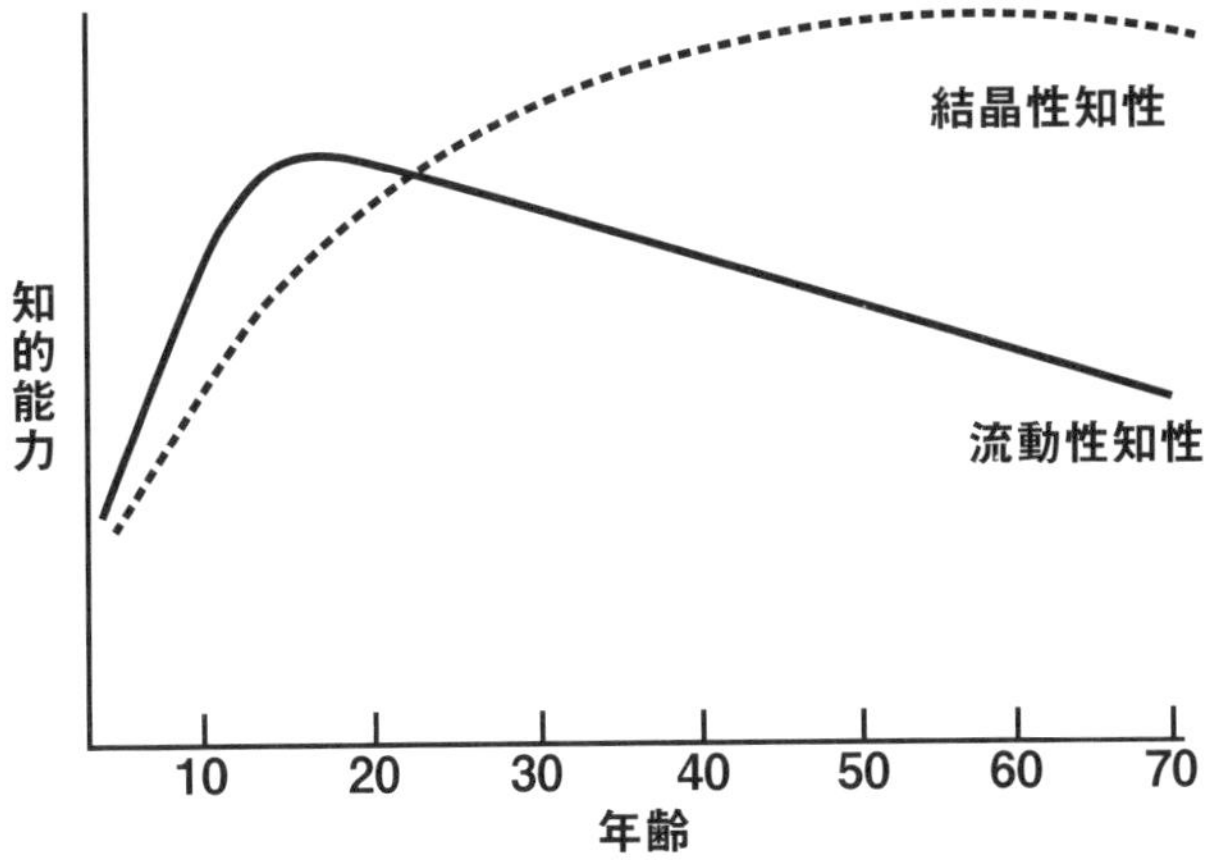

場合によっては45分、1時間、1人の同時通訳者が行うことも稀ではありません。日本語と英語の場合は言語体系の違いが大きいため、脳に負荷がかかるようです。

◎六十歳以降でもOK

そんな「過酷な脳作業」を行う日本語と英語の同時通訳者で最も「脂ののってきた通訳者」つまり、安心して任せられる年齢は、何と六十歳だそうです。六十歳を超えてくるとさすがに体力的な影響が出るようですが、五十代後半〜六十歳がベストというのは、結晶性知性とも一致していると見ることができます。大勢の聴衆に間違いなく通訳を提供するために必要な言語力、スキル、集中力などの総合的な能力が、多くの場数を経験することによって結実しているものと考えられます。『7つの習慣』で有名なスティーブン・コビーやピーター・ドラッカーのように、70歳を超えても、あるいは90歳を超えても我々にいろいろなことを伝え続けた「結晶性知性のロールモデル（良き模範）」は数多く存在します。

私はこれまで医学博士の人や脳科学の専門家とも知り合ってきました。脳に関する本はいろいろな切り口で売れていますが、巷で言われている「脳の限界説」に疑問を持っている私は、大脳生理学、脳神経科学、脳外科などの「脳の専門家」の人々に質問をしてきました。

彼等、彼女達が異口同音に言っているのは、「脳のことについては、まだまだわかっていないのに、どうしてメディアはあたかもわかっているようなことを言うのだろう?」「どうしてあのように断定的に言ってしまうのだろう?」ということです。実態は、「脳の潜在能力の限界がどこまであるのかはわからない」ということなのでしょう。

だとすると、年齢を言い訳に諦めてしまうのは、あまりにももったいない話ではないでしょうか。我々はちょっとした工夫と習慣を変えることによって、結晶性知性を伸ばしていくことができる。皆さんとそれを実践していきたいのです。

04 Lesson

知力は学歴と一致しない

◎学歴は受験歴にすぎない

私はこれまでいろいろな企業に加え、コンサルティング会社のコンサルタントや研修講師の人たちの指導も行ってきました。その経験から言えるのは、知力と学歴は必ずしも一致していないということです。

おそらく、多くの人たちはそれに反論してくると思います。実際に、ビジネス雑誌に掲載されている企業の採用担当者の座談会でも「確率論的に考えると高偏差値大学出身者の『外れ人材』は少ない」などという発言が必ず見られます。しかし、上司の指示を理解したり、言われた通りに仕事を進めるなどの行動は、基礎学力は影響しますが、それらができる人は、別に高偏差値大学出身者に限りません。

日本においては、学歴とは受験歴に等しいものです。もちろん、一生懸命勉強して志望校に入り、4年間の学部だけではなく、さらに大学院で専門分野を磨いてきた人たちは、その分野の知力も学歴も高くなるということはあるでしょう。

ただし、世間で多く語られているのは、「あの人は□□大学だから頭がいいよね」という程度のラベリングの話にすぎません。まず我々がとらわれているこのラベリングとは決別したほうがいいでしょう。人をラベルで見ず、1人ひとり、中身を見なければなりません。

知力と学歴が一致していない最大の理由は三つあります。まず、学歴でその人の能力がわかるのは、受験科目という限られた範囲であるということです。

次に、時間軸の問題です。18歳前後の年齢は、今人生が90年だとした場合、その前半の5分の1。先ほど紹介した結晶性知性もまだほとんど発達していない段階で本人の能力を決めつけてしまうのは、あまりにも乱暴です。付属校から受験となると年齢がもっと下がるので、なおさらです。

三番目の理由は、これまでの日本の入学試験は、知っているか、知らないか、記憶力を問う設問が多かったからです。最近の教育改革によって、より思考力に切り替えていこうという取り組みがあるのですが、受験の提供側は「知っているか」「知らないか」を問い、その結果、受ける側はマークシート型の試験の要領を磨いていくような方向に流れていったのではないでしょうか。それをもって知力とイコールとするのはあまりにも無理がある、ということは、少し冷静に考えるとおわかりでしょう。

◎「壁をつくりたがる」という特性

ついでに、学歴至上主義の人達は、結局、壁をつくったり、縄張りをつくりたがることも指摘しておきます。ひと昔前は、キャリア官僚になる人達は東京大学出身者以外は珍しいという状況でした。そんな状況で官僚同士は、「彼は法学部出身ではない（＝だからたいしたことはない）」ということがささやかれていました。呆れたことに、同じ法学部出身者が集まると、今度は「日比谷高校ではない」とか「番町小学校ではない」とか始めてしまうのです。そんなところにこだわって何が生まれるのでしょうか？

学歴が我々の知力の可能性を阻んでいることに気づく人が増えることを切願します。

COLUMN

海外では学校名ではなく、専門を聞かれる

皆さん、What is your major?（あなたの専攻は何か？）という質問をされたことがありますか？ これは、海外で自己紹介やプレゼンテーションを行っている時、あるいはプロジェクトで知り合ったメンバーとランチを食べている時など、いろいろな場面で聞かれる質問です。日本のことをよく知っている人ならば、その後で、Which university? と、どこの大学かと尋ねてくる場合がありますが、まずは専門、専攻を聞いてくるのです。

理由は、大学で学んだ専門性を活かして仕事をする、という前提を彼等が持っているからです。専攻を重視しないで採用するという日本企業のやり方は、世界では珍しいのです。

もちろん、海外でも専門、専攻分野とは無縁の仕事につく人もいます。ただし、大半はその勉強した分野を活かして就職するので、こうした質問が出てくるのです。

したがって、学部の名称はもちろん、卒論も英語で言えるようにしておくと便利です。大学院を出た人は、きちんと学部では○○、大学院では××と答えればいいのです。

日本の大学名が知られていないこともありますが、この質問の背景には「実質的に何を勉強したのか」によって相手を判断する海外の風土があります。何を学んだのか、堂々と答えられるようにしておきましょう。

05
Lesson

「頭の生活習慣病」をチェックする

◎「依存」が思考停止を生む

2003年頃、「頭の生活習慣病」について本を書きました。「思考停止」ということばはよく目にするようになりましたが、その原因はアタマを使う普段の習慣にあり、という結論に至りました。そこで「頭の生活習慣病」として次の四つに分類してみました。

〈思考停止系〉

思考の放棄症（自ら考えることをやめてしまう）
思考の依存症（自分では考えずに、何かに依存する）

〈思考不全系〉

思考の歪み（推論の過程にムラや無理がある）

思考の偏り（専門分野が異なると急激に思考力が低下する）

「頭の生活習慣病」について書いたのは、ビジネススクールの講師を始めて、多くの受講者と議論をするようになったのがきっかけです。ビジネススクールでは、ケースと呼ばれる他社の事例を討議材料に使います。戦略、マーケティング、財務、会計、人的資源管理、組織行動などのテーマがあり、複数のテーマが一つの事例に盛り込まれていることは少なくありません。

事例として書かれている記述から、重要な事実、出来事を抽出し、自分で原因を探求したり、仮説をつくることが本来の目的であり、そのプロセスが経営判断に必要な知力を養う効果があるとして、世の中に広まったのです。

ところが、「これだけの情報では、（判断するのは）無理ですよ」と言いながら自ら考えることをやめてしまう人が目立つのです。中には、「一概に決めつけるのはいかがなものでしょうか」と政治家が好む常套句を述べる人もいました。どちらにしても、「思考放棄症」

です。研修の場だけではなく、仕事の中でも、「思考の放棄症」の人が見受けられます。

職場ではこれに加えて「思考の依存症」が目立ちます。「他社もやっているから、うちもやるべきだ」という同調行動や「社長が言っているから、この戦略でいくしかないんじゃないですか」という権威への依存のことばに出会います。どちらも、考えることが他に依存しているために能動的に考えられない状態です。

依存する対象はまだあります。「バズワード症候群」と名づけた「ことばへの依存」です。「バズワード」とは、はやりのビジネス用語のことで、意味を理解することなく、次第にその言葉が1人歩きする現象です。実際、職場はコンプライアンス、ガバナンス、イノベーション、そしてグローバルなど、「バズワード化」されたことばに溢れています。その結果、「これは、コンプライアンスだから、だめだ。なぜかと言うとコンプライアンスだから！」というような意味不明の「バズワード症候群」が増えているのです。

もう一つ、思考の依存症で注意しておきたいのが、「経験への依存」です。「これまで、事故が起きていないから、これからも安全だ」という発想は、過去の経験に対する依存です。「過去、無事故であった」という実績が、将来の安全性を保証する理由にはならないのです。

このように、「思考の放棄症」と「思考の依存症」はどちらも思考停止に至るのです。

◎「歪み」「偏り」が思考不全を引き起こす

一方、思考は停止していない、ある程度動いているけれど、危うい人がいます。あえてステレオタイプ的に表現すると、普段は部下にも自信を持って大声で指示していたのに、自分の経験則では捉えられない課題、つまり「想定外の問題」に直面するとあわてふためいたり、フリーズしてしまう上司です。通常業務を繰り返している時には、思考の柔らかさや強さはそれほど問われませんが、いざという時には思考力の機能不全、つまり思考不全に陥ってしまうのです。原因は思考の「歪み」と「偏り」にありと見ています。

発言者の思考の歪みと聞き手の思考の依存症が重なった事例を紹介しましょう。

原発の事故を巡ってのテレビの討論番組の出来事です。当時、マスメディアによく出ていた自称「経済評論家」の女性が、「原発の燃料のウランは価格が安定していて、化石燃料のようにボラティリティは高くないのです。よって、原発はコスト効率がいい」という趣旨の発言をしました。「ボラティリティ」とは、穀物相場のように価格が乱高下する状況をあらわすことばです。この単語を聞き慣れていない司会者や他の参加者はこの発言者に対して思考の依存状態に陥り、冷静に反応することができませんでした。

周りが依存すると、発言者の「思考の歪み」による詭弁は放置されます。原発の立地対策、環境コストなど膨大な全体コストを少しでも考えれば、燃料コストのボラティリティの有無で原発を推進する論法に難があることはわかるわけです。

思考の偏りは、仕事習慣、生活習慣に影響されます。固定化した仕事をし、限られた仲間と同じ会話をしていると我々の思考はどんどん偏ってくるのです。「ほんものの知力には奥行と間口の広さが重要」と述べましたが、間口を広げる工夫は欠かせません。詳細は3章でふれます。

先に分類したように、思考の歪みと偏りについては、「思考不全」ということばを使いました。不全の反対は完全です。我々は全知全能の神ではないのですから、歪みや偏りは誰にでもあるのです。したがって、「不完全さ」を意識しながら自分の考えを修正していく姿勢が欠かせないのです。

06 Lesson

「なぜ？」「なぜならば」が知力を活性化する

◎原因と打開策を考える

「なぜ？」という質問に対して「なぜならば」という説明ができないのは、思考停止です。その症状は、原因に対して理由、あるいは主張を支える論拠が返ってこない会話でわかります。

「シェアが落ちてきたのは、なぜですか？」と聞くと、「今まであったシェア、それがだんだん低下してきて……」と語る管理職者を数多く見てきました。中には、「シェアが落ちてきたのは、売れていないからだろう」と言った人もいました。売れていても、他社がさらに売上げを伸ばせば、シェアが落ちることもあります。

このように、「なぜ」を考えずに状況を繰り返して言う管理職者を「実況中継型マネジャー」と名づけた人がいました。ユニ・チャームの創業者である高原慶一朗さんです。「多異変な時代」の様相が見え始めてきた90年代半ばにお会いする機会がありました。その頃からすでに、「もはや実況中継型マネジャーはいらない」と述べ、同時に「これからは社長が200名必要な時代だ」と経営幹部育成に自らも精力的に取り組まれていました。

「在庫がなくなっているんですが……」「他社の攻勢が厳しくなっているのですが……」こうしたことを実況中継しているだけでは、付加価値がないのです。自ら原因を考え、それに基づいて打開策を考えることが、今や管理職者だけではなくすべての社員に求められているのです。

政治家の発言を聞いていると、理由を言わない、あるいは論拠を述べずに主張だけする、そんな人が目立ちます。

「この法案は断固、反対です。どうしても認めるわけにはいかないのです」

「○○は何としても実施しなければなりません。それが唯一の方法なのです」

国会中継やテレビの討論番組で、おなじみの言い回しです。我々が知りたいのは本人の思い入れではなく、なぜなのか、という論拠であり、その論拠の妥当性です。論拠なき主張をぶつけあい、相手の発言中に野次をとばす政治家達を見ながら彼等、彼女達の知力低下を憂うるのは私だけではないでしょう。マスメディアもこのあたりをきちんと指摘してほしいものです。

◎「正当性」ではなく「妥当性」

以上、見てきたように、まず「なぜ?」に対する「なぜならば」を自問自答することは、知力を活性化する第一歩になります。子どもの時は、何に対しても「なぜ?」を聞いてきました。これは、知的好奇心の表れです。大人になるにつれて、次第に我々は「なぜ?」と聞くことを忘れてきてしまいます。「なぜ?」を発することによって、何歳になっても、知的好奇心を取り戻すことが可能になるのです。

「なぜ?」を考える時に、キーワードが一つあります。「妥当性」という言葉です。付け加えると「正当性」よりも、「妥当性」を! ということです。というのは、「正当性」を意識するあまり、自分の主張に好都合な理由を探してしまうことがあるからです。知力を鍛える上で、この「自己正当化欲」には要注意です。

妥当性という言葉は英語で、実は皆さんが普段目にしているものに記載されている言葉と関連しています。それはクレジットカードの有効期限の箇所です。

クレジットカードの有効期限のところを見てみましょう。「GOOD THRU」という日本人にわかりやすい英語で書いてあるカードもありますが、「VALID」と書いてあるカードがあるはずです。この「VALID」というのはまさにその期限まで使えるということであり、有効だという意味です。語源辞書をひいてみると、事実や権威、エビデンス（科学的な根拠）に十分支えられているという意味が出てきます。

統計学の教科書の中で最初に出てくるコンセプトの一つがValidityとReliability。妥当性と信頼性です。妥当性とは、１００％完璧ではないけれども、あることを検査するためにその条件が有効であり、当てはまるという意味です。妥当な見解、妥当な理由を自らの頭で探していくことが、知力を発揮するためには欠かせません。

07
Lesson

1問10答、1問1〇〇答を考える

◎頭を柔らかくする練習

F＝36の時、f=6
E＝25の時、e=5
D＝16の時、d=?

↓

dの数字を答えてください。ただし、答えは「4（$n=\sqrt{N}$、もしくは$n^2=N$）以外」で考えてください。

この問題は、考え込む人が多いのですが、柔らかい発想をする人はすぐに答えが出ます。「学校の先生に怒られるような答えです」とヒントを出すと気づく人が出ます。

そう、答えはそれぞれの一桁部分の数字、6になるのです。

では、次の問題はいかがでしょうか？

E＝25の時、e＝5
D＝16の時、d＝？

dの数字を答えてください。ただし、答えは「4（n＝$\sqrt{N}$、もしくはn^2＝N）以外」で考えてください。

しかも、Nとnを数式で定義できるようにしてください。

※ヒント：答えはいくつもあります。

いかがでしょうか？　このクイズもどんどんひらめく人と、固まってしまう人とに分かれてしまいます。ヒントにあるように、答えはいくつもあります。

代表的なところを紹介すると、3・2（n＝N÷5）、14（N＋n＝30）、−4（n＝N

−20)、7・8125（125÷N＝n）などが出てきます。ちなみに、n＝4×N−95と定義すると、d＝4×N−95＝−31となるように、定義する式を加えていけば、答えは無限に広がるのです。

では、次は四文字熟語のお題でいきましょう。

□肉□食

弱肉強食、焼肉定食　以外で　□肉□食　を四文字熟語でつくってください。

このお題では、先に「牛肉定食、豚肉定食」という「定食シリーズ」以外でお願いします、と言っておきます。なぜなら、それは直線的延長にある連想であって、発想を変える練習にはならないからです。

このお題を出した時に、発想力の豊かな人はやはりどんどんいろいろなものを出してきます。焼肉は残して「焼肉完食」、カンショクは同じでもおやつに「焼肉間食」、「食」が連想する元になってくると「牛肉給食」「豚肉朝食」という具合に連鎖します。

発想が変わったところでは、「鯨肉禁食」、「豚肉不食」、あるいは「魚肉断食」、中には「人肉餌食」と書いた人もいました。私が唸った一つには、実家がお肉屋さんの人の「御肉三食」があります。我々の発想力のおもしろさが体感できます。唸ったと言えば、もう一つ紹介しておきましょう。ある食品会社の人が瞬時につくってくれたのが「拒肉菜食」。お見事です！

◎大きく、広く、多面的に

こうした基本的な算数や国語のお題でも、我々が普段から「1問1答」にいかに縛られているかがおわかりでしょう。先の算数のお題も、二乗やルートの答えを出すとそれで終わり、と思ってしまうわけです。マークシート型試験というのは、採点効率のために開発されたと言って間違いないでしょう。それに慣らされてきた我々は、いつの間にか、「1問1答」の習慣が身についてしまったのです。

世の中の問題、社会の課題は、たった一つの原因によって起きたことは稀で、複数の原因がいくつも重なりあって起きているものです。ですから普段からまずは1問10答、100

答を意識してみることです。

「でも、答えがいくつもあると混乱するのではないですか?」という質問も聞くことがあります。もちろん、絞り込み作業は大事です。何が重要で、何がそうではないのか、優先順位はどこにあるのか、というように切り分けながら、絞り込む作業は必須です。

しかしその前に、これまで見てきたように、まず大きく、広く、そして多面的に考える練習をおすすめします。

これまでの教育制度はあまりにも我々の知力の自由度を閉じ込めてきてしまったのですから、解放するところから始めていきたいのです。

08
Lesson

「知っている」で思考を止めない

◎「知っている」ことと「考える」こと

私が前項のようなお題を出した時に「それ、知っている！　焼肉定食じゃないですか？」と言う人がいます。積極的な発言者は大歓迎なのですが、その後です。そういう人は、「では、他に考えてみましょう」と言った途端に凍りついてしまうことがよくあるのです。

つまり、知っているか、知らないか、というところだけにとらわれて、その先に進めないのです。実際のビジネスの世界でもこういうことがよく見受けられます。

例えば、少し勉強した人が、「ＳＷＯＴ分析を知っています」「バリュー・チェーンを知っています」で、その後が続かないことがあります。どちらも極めて初歩的な分析のやり方の一つなので、それを過去に見たことがある、知っているというレベルの人は多いかもしれません。

しかし、「知っている」だけでは意味がありません。その分析のツールはどんな時に向いて、どんな時に向かないのか？　今、会議で討議しているテーマにはどのように使えるのか？　あるいは、その分析のツールの限界はどこなのか？　と考えることが必要です。

重要なのは、knowing（知っている）と、thinking（考える）の両方を持っていることです。両方がなければ、ほんものの知力を育むことはできません。

このことをわかりやすく語っていた人が今から2500年前にいます。孔子です。論語にある「学びて思わざれば即罔《すなわちくら》し、思いて学ばざるは即殆《あやう》し」は有名ですが、左ページの図のマトリックスで見るとわかりやすいでしょう。

◎「知力」をつくるもの

ちなみに、ここで述べているknowingは狭い意味でのknowingであり、本来の知識、knowledgeではありません。ましてや知恵でもありません。

ここで、情報と、知識と、知恵の関係について述べておきましょう。

「考えること」と「知ること」

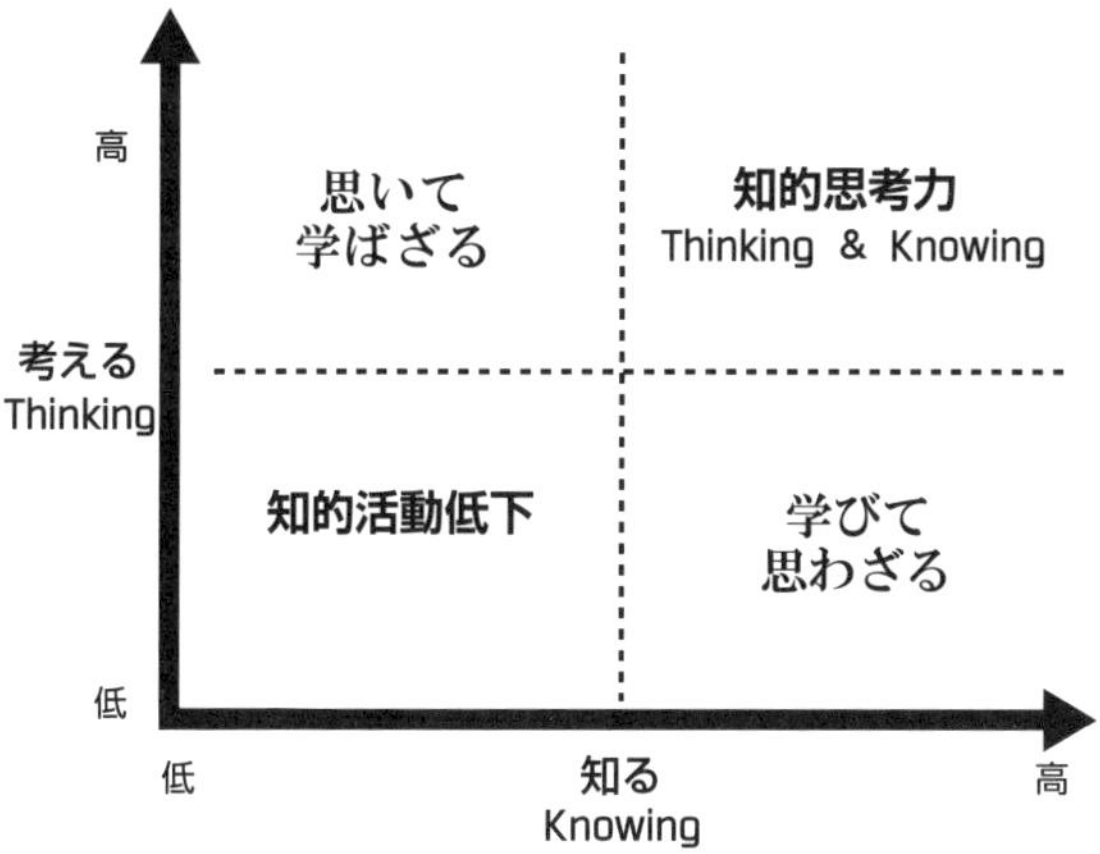

データはdata、情報はinformation、知識は、今紹介したように、knowledgeがそれぞれ相当します。

ビッグ・データ、データ・マイニングということばが大分浸透してきていますが、データから必要なものを抽出すると情報になります。情報が何らかの意味合いや、役立つようになって知識になります。

しかし、断片的な知識を持っていても、知力にはなりません。知恵、wisdomが必要なのです。wise、賢いという意味に通じる単語です。

それを踏まえてみると、次ページの詩の意味がよく理解できます。イギリスの詩人であり劇作家のT・S・エリオット

Where is the Life we have lost in living?

Where is the wisdom we have lost in knowledge?

Where is the knowledge we have lost in information?

The cycles of heaven in twenty centuries

Brings us farther from God and nearer to the Dust.

from“ The Rock” by T.S. Eliot

日々の暮らしに埋もれた人生はどこに行った？
知識に埋もれた知恵はどこに行った？
情報に埋もれた知識はどこに行った？
20 世紀の天のサイクルは、我々を神から遠ざけ、塵に引き寄せるの詩です。

この詩を意訳すると英文の下の通りになります。

今から80年前、20世紀の初頭にこんな的確な指摘をしていた、ということに驚嘆せずにはいられません。

実は、私はエリオットに関しては、名前しか知りませんでした。そんな私に、この詩を紹介してくださったのが今北純一さんです。今から、10年前に『世界で戦う知的腕力を手に入れる』という対談本を書いた時のことです。今北さんは40年以上前に欧州に渡り、文字通り世界で戦ってきた方です。まさに「ほんものの知力」を身につけたロールモデルです。そんな方と出会うことで、我々も情報から知識へ、知識から知恵へと1歩でも歩むことができるように思います。

09
Lesson

想像力を磨く

◎知らなくても考え抜く

知識はあるに越したことがありません。ただ、点在した知識では、先に述べたように知恵にも知力にもなりません。また、どれだけ知識を身につけても、我々の周りには「限りない無知」の世界が広がっているのです。したがって、「知らなくても、考え抜いてみる、想いをはせてみる」ことは、知力を磨く上で大変大事な作業です。

シリアの難民は今現在、何人いるでしょう?

この問題を見た時に、皆さんはどんな反応を示すでしょうか？

テレビのニュース、あるいは新聞など、どこかで見たような気がするな、という人は少なくないでしょう。まったく見ていないという人も、いて当然だと思います。

私はこのお題を、これまで1000人を超える人に出してきました。各自に小さいポストイットを事前に配り、答えを書いてもらうやり方です。強調しているのは、「知らなくても、ギブアップせずに、想いをはせ、考え抜く」ということです。

解答の結果を見ると、一つ残念なことがあります。著名企業の管理職者やビジネススクールの受講生にも出したこともあるのですが、何と少ない人は800人、1000人、3000人、5000人というように、1万人以下の数字を出す人たちが、コンスタントに2割弱存在するのです。

彼等、彼女達を責めているのではなく、想像力の欠如のことです。1万人というのは、例えばプロ野球の野球場がガラガラの状況です。もしそのぐらいの人数ならば、世の中でこれだけ大きく騒いではいないということが理解できるはずです。

重要なことは、5000人、1万人という数字を見るだけではなく、それを右脳に置き換えて、状況や光景を考えているかどうか、ということなのです。

4万人、5万人と答える人たちも少なくありませんが、これでようやく東京ドーム、もしくは甲子園球場がいっぱいになったレベルです。8万人から10万人と答える人に対しては、それではワールドカップのサッカー、あるいはオリンピックの開会式の人数ですよ、と述べると、考えるプロセスが不十分だったことに気づいてもらえます。

◎想いをはせることの大切さ

自分の住んでいる市や区、あるいは県の人口と対比しながら考える人もいます。そうすると数十万人は超えるだろうと推論しやすくなります。

その先の考えるプロセスでは、シリアの人口はどのくらいいるのだろうか？　そもそも難民の定義とは？　などの知識が必要になってくるかもしれません。knowingだけでは付加価値にはなりませんけれども、いろいろな知識を持っていることは、知力を発揮するために重要なことです。

ただここで私が言いたいのは、物事に対する関心と想像力がなければ「ほんものの知力」は磨かれない、ということです。

もし、皆さんが2015年の夏話題になった、トルコの海岸に打ち上げられた悲惨な幼児の画像が右脳に焼き付いていたとしたら、おそらく難民の数字は記憶に残っていることでしょう。そうでなくとも、大変な事態であることは認識されているはずです。

確かに我々は自分のことを中心に考え、特に余裕がないと他人の出来事に関心を持つことができなくなることがあります。しかし、ローマ時代の詩人、プビリウス・テレンティウスのよく知られたことば、「私は人間である。ゆえに、人間に関わることならば何でも自分と無縁のことは思わない」が示す通り、ほんの少しの想像力があれば、他人の出来事として無関心ではいられないはずです。

ちなみに、国連難民高等弁務官の発表によると、シリアの難民は今、1000万人にのぼるそうです。私が企業研修の中で「考えるお題」として出し始めた4年前は200万人台であったと記憶しています。

10
Lesson

「フェルミ推定ブーム」の功罪を知る

◎「地頭力」の正しい意味

「知らなくても、考え抜く」と聞くと、「フェルミ推定」を思い出した人もいるのではないでしょうか。

「シカゴのピアノ調律師は何人いるか？」

「日本にある自動販売機の数は？」

というような問題がコンサルティング会社の入社面談に出されるということで「フェルミ推定」ということばがブームになり、その「対策本」の類が今でも、大学生協の書店に置かれています。『地頭力』という本がきっかけになり、「地頭力」＝「フェルミ推定」と理解している人も多いのではないでしょうか。

確かに、知らなくても、考え抜くスキルとして広まったことは時代のニーズも反映していたと思いますし、私も、いくつかこうした問題を考えて、これまでの著書にも掲載したことがあります。

ただ、「ブーム」になってしまったことについては、二つの違和感を持っています。

まず、「地頭」ということばは、もともとマッキンゼー、ワトソンワイアット（現タワーズワトソン）などでコンサルタントとして活躍された現慶應大学教授の高橋俊介さんが90年代に「偏差値頭」の対立概念として発表したものです。学校の偏差値で優秀な人が、地頭がいいとは限らないという実態については、多くの企業で働いている人が十分におわかりでしょう。「地頭がいい」とは、知識がなくても、自分の頭でゼロベースで考えられる力があるという意味です。

ところが、ブームになり、対策本が数多く出てくると、受験勉強と同様に「傾向と対策をマスターし、備える」というパターン認識の色彩が強くなってしまうのです。「対策本アタマ」は本来の「地頭」と真逆で、コンサルティング会社の実際の採用面談では見抜かれてしまいます。

◎「フェルミ推定」と対策本は無縁

もう一つは、「フェルミ推定」のことばの1人歩きです。

「フェルミ推定」は、ノーベル物理学賞を受賞したエンリコ・フェルミが、そこいらにある封筒の裏をメモ書きに使いながら、いろいろな問題を解いたことから「フェルミ手法」として伝わったとされています。英語では、文字通り「封筒の裏で行う手法（Back-of-the-envelop method）」という言い方もあるくらいです。物理を勉強していなくても、元素記号に彼にちなんだフェルミウムがあり、フェルミ関数があると聞けばいかにすごい物理学者かがわかることでしょう。

複雑な数式も難なくこなすフェルミが、問題に際して、極力数式を使わずに単純化して考えることを重要視していたと伝えられています。「対策本」で手順を暗記するということにいそしみながら「フェルミ推定をやっています！」という人を、もしフェルミ本人が見たら、さぞや驚くことではないでしょうか。

ブームは本質を矮小化してしまう。「フェルミ推定ブーム」にそんなことを考えさせられたのです。

11
Lesson

「思い出し癖」をつける

◎短期記憶と長期記憶

知力を磨く上で記憶力は重要です。ところが世の中には、記憶力が悪くなってきた、と自分で思いこんでいる人がたくさんいます。実際、私の研修でも「新入社員研修」以外では、そう言えば頷く人が圧倒的多数です。

ただし、少しだけ我々の記憶の仕組みを知り、それを踏まえて鍛えていくことは誰にでもできることです。そして実は多くの場合、「記憶力が悪くなってきた」と言っている人も、それほど心配することはないのです。

「記憶の仕組み」の図を見てみましょう。

記憶の仕組み

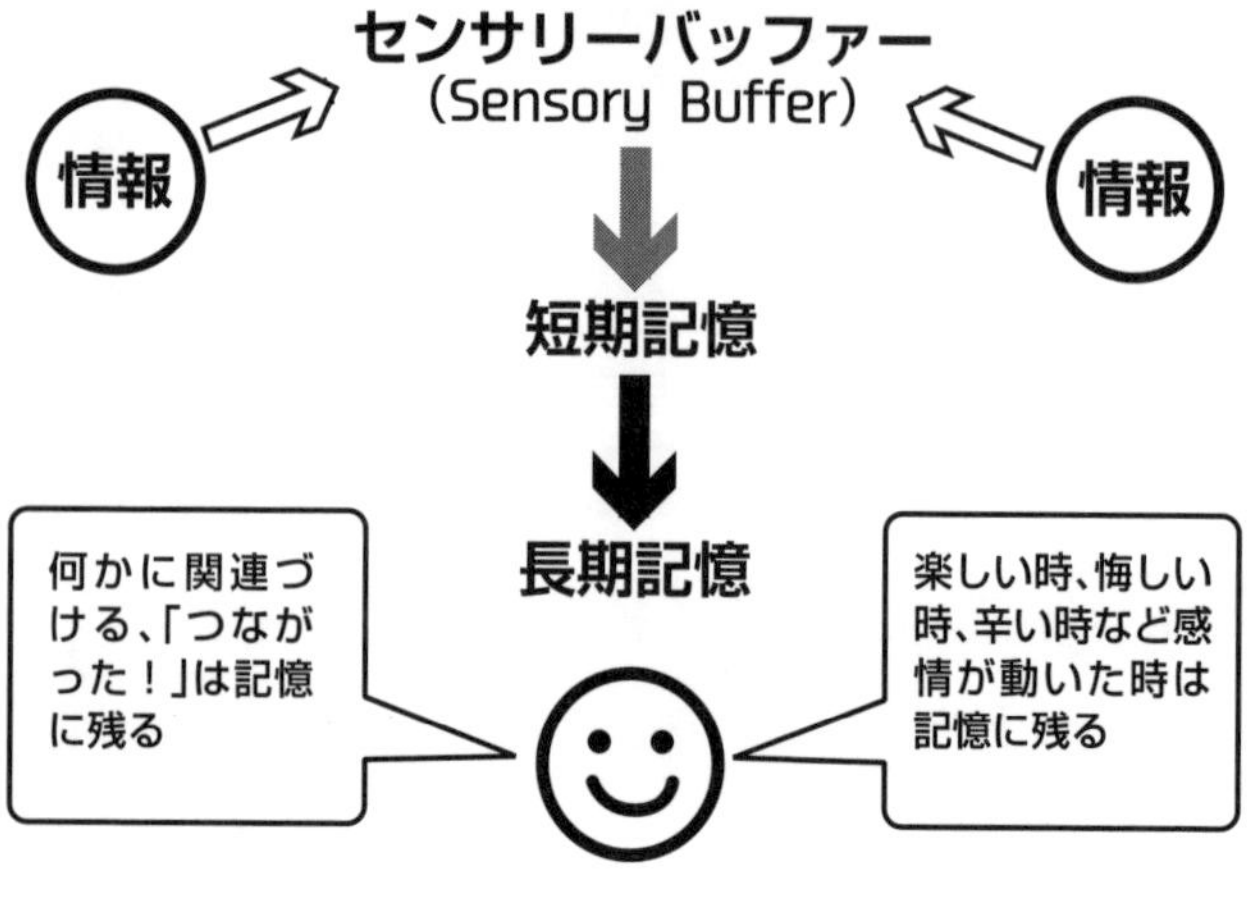

我々の脳は常に情報を取り入れています。その情報は、一般的にセンサリーバッファー（あるいは感覚記憶とも言われています）と言われる概念の機能でスクリーニングされます。バッファーとは緩衝材の意味です。視覚、聴覚、嗅覚とあらゆる情報が大量に入ると脳がパンクしてしまいますから、20分の1秒とか15分の1秒という短い時間でしか情報がとどまりません。

そのスクリーニング作用の後、短期記憶、長期記憶と記憶が定着するわけです。

短期記憶は数十秒しか保持されないようですが、思い出すことを繰り返すことによってさらに長い時間定着させることが可能です。

例えば、社外の人達との会議の場で、一度に3人ぐらいの人と名刺交換をしたとします。その場合はまず、名刺をもらった時に相手の名前を復唱することが大事です。次に、会議が始まってから数分後に相手の名前を言ってみるとまた定着するわけです。声に出さなくても、心の中でつぶやくだけでも効果はあります。

長期記憶には限界がないと言われています。タグづけされた記憶は忘れにくいと言われていますが、楽しい時、辛い時、悔しい時など感情が大きく動いた時の記憶はしっかりと刻まれています。

年齢を重ねるにつれて、小学校や中学校の同窓会の会話が盛り上がる人がいますが、長期記憶の訓練の場にもなります。

数年前、私はそれまで参加する機会がなかった中学校の同窓会に40年ぶりに出ることがあったのですが、この時体感したのが長期記憶のおもしろさです。まず、会場に着いた時、入口のエレベーターである男性に会いました。とっさに彼の名前を呼び、彼も私の名前を呼んだのです。40年間、おそらくお互いに口に出していない名前が出てきて驚いたのですが、理由があります。同じ柔道部のメンバーだったのです。同じ部で汗を流した仲間同士、お互いの記憶にしっかり定着していたわけです。

この場合は名前がすぐに出たのですが、たいていの人に、会話をしている時に共通の友人の名前が出てこない、という経験があるようです。そんな時は、お互いに顔が浮かんでいるのだけれど名前が出てこないでもどかしい思いをします。ところが、その会話を終えて1人で歩き出した途端に、思い出せなかった人の名前が出てくる、これも多くの人が経験することです。

これは、ある意味で当たり前のことです。記憶の引っ張り出し方の順番として、我々の脳はまず顔が浮かび、その次に状況、最後に名前が出てくるようです。したがって、顔が浮かんでいるのに名前の引き出しが混乱するというのは自然なことなのです。

ここで、ぜひ共有しておきたいレッスンがあります。「記憶力がいいから、思い出す」のではなく、「思い出し癖をつけると、記憶力はよくなる」ということです。「思い出し癖」をつけるレッスンを紹介しましょう。

◎「思い出し癖」の二つのレッスン

一つ目は、「人と会う際に、初対面の人でなければ、その人と最後に会ったのがいつ、どこだったのかをメモを見ずに思い出す」習慣をつけることです。前回会った状況、光景を思い浮かべながら、それは夏だったのか、冬だったのか、3年前か、4年前か、自分が何の仕事をしていたのか？　相手のことばで残っていることは？　と思い出していくと、次第に「記憶の輪郭」がはっきりしてきます。メディアで働いている仕事仲間から「船川さんから言われて、ずっとやっていて役立っています！」と感謝されました。実は、その人にこのことを教えた私の記憶は飛んでいましたが。

もう一つ紹介しましょう。「世の中の大きな出来事と自分の体験を重ねる」習慣をつけることです。

例えば、「1995年に何をしていたのか？」と言われてもピンとこないけれども、「阪神淡路大震災があった時に、あるいはサリン事件があった時に、どこで何をしていたのだろう？」と振り返れば、30代以上の人は記憶がつながるはずです。つながったら、では、その時、家族、友人はどんな反応を示していたのだろうか？　断片的な画像で何が思い出されるだろうか？　というふうにやってみると「記憶の輪郭」がはっきりしてきます。それだけでなく、その範囲が広がり、どんどんいろいろな記憶が蘇ってくるのです。

そんなことをやっていると、年表の活字でしかない大きな出来事が自分自身とつながり、さらに知的好奇心をかきたてることができるのです。

海外の出来事でも、自分の興味のあることをつなげて思い出してみると、記憶の輪郭が明確になってきます。また、それによって世の中の流れもクリアに見えてきます。

その時に重要なのは、西暦と年号の両方で考えることと、何年前で自分は何歳だったのだろうか？　と考えることです。西暦と年号のつながりが早くなりますし、自分の当時の年齢を考えながら、その頃の出来事の捉え方を思い出すと、自身の目線、視野や視座が見えてきます。それは自己の成長のために欠かせないことです。

12
Lesson

感情の動きを「知力」に役立てる

◎感情は情報である

感情が大きく動いた時は記憶が残ることは前述の通りですが、実は感情の動きは、知力を磨く上で欠かせません。ところが、「感情的にならないように」と普段聞くように、感情は「知力」の対極として見られていることもよくあることです。

EQ（Emotional Intelligence：心の知能指数）ということばが、この20年間で知られるようになってきました。IQで知られる知能だけではなく、感情も重要な能力であることの認識が高まってきました。日本では、ダニエル・ゴールマンの著書が有名になりましたが、EQについて研究し体系化したのは、ゴールマンも著書に書いているようにジョン・

メイヤーとピーター・サロベイです。

以前、エール大学のピーター・サロベイが来日した際に、彼の後に講演する機会をいただきました。事前にサロベイ博士の著書も読んで、直接話をうかがって、大いに納得することがありました。最もインパクトがあったのは、「感情は情報である」というメッセージです。

例えば、我々が、仕事で打ち合わせをしている時に、相手は怒っているのか、不安に思っているのか、あるいは不満を持っているのか、という情報は、相手から読み取ることが可能ですし、それを読み取りながら、こちらが対処することは交渉を進める上で重要なスキルです。

さらに、「多異変な時代」では、感情を上手く扱わないと大変なことになってしまう局面があります。顧客との交渉、クレーム処理、ネットでの炎上という社外との接触だけではありません。パワハラではない適切な部下に対する指導、広域営業をしているため普段は顔を見ることができない部下の評価、そして、早期退職の勧告など、これも「昭和成長期」で部下をまとめてきたやり方とは大きく異なる管理能力が問われます。その中身の大きな要素はEQにありと言っても過言ではありません。

もちろん、感情の認識は読み取りにくい側面もありますし、またこちらが決めつけてしまうと逆効果にもなります。それを踏まえてサロベイ氏は、感情の識別、感情の利用、自分の感情の管理・調整の必要性を述べています。他者の感情と自分の感情に注意を向けることが基本です。

◎内発的動機という起爆剤

もう一つ、感情の動きを「知力」に役立てることができるのは、動機づけです。動機づけについて、外発的要因と内発的要因ということばがあります。外発的要因というのは、報酬や評価、あるいは罰則です。内発的動機には、達成感や自分で主体的に決められる自己決定感があります。長期の学習意欲、成長欲求は内発的動機が欠かせません。その意味で、自分が何に喜びを感じているのだろうか、何にやりがいを感じるのだろうか、という自身の感情を振り返ることが重要です。同時に、自分自身に対する適度な悔しさ、不甲斐なさという感情も内発的動機の起爆剤になるわけです。

いずれにしても、自分の感情の起伏も決してネガティブなものではないと認識して味方にすることが、知力を総合的に伸ばす鍵なのです。

第3章

「知力の間口と奥行」を広げる

12のレッスン

Lesson 01

自分自身の「隠れた前提」を知る

◎一つの記号でも解釈はいろいろ

これまで思考の精度を上げる基本と知力を活性化するコツを紹介してきました。スポーツや武道、あるいは楽器演奏などと同様、アタマの動かし方も、基本の動きや型を習得しながら応用へ進んでいくことが欠かせません。もちろん、現実の課題に対処した時には、基本が通じない局面に出会います。その都度、工夫をしながら乗り越える中で、我々のさらなる成長につなげることができるのです。

そのためのヒントをこの章で紹介していきます。

まず、連想クイズからいきましょう。

あなたには、次のものが何に見えますか？

C

アルファベットのC以外に見えない、と言う人もいれば、「目の検査」と言う人もいます。プログラミングを多少やった人はC言語を思い浮かべるかもしれません。「炭素」と言う人もいれば、学校の成績と言う人もいるでしょう。音楽をやっている人は「ド」と言うかもしれません。中にはローマ数字の１００と言う人もいるかもしれません。

このように、同じもの、しかも記号でさえ頭に思い浮かべることは人それぞれで異なり、解釈も多様です。我々は自分の仕事や興味に影響されて解釈する傾向があるのです。

一つ、事例を紹介しましょう。私は研修の際、冒頭で、私の講師としての「経験年数」「年齢」「体重」を推論してもらうことがあります。20名程度の参加者全員に、ポストイットに答えを書いてもらって見せ合いをしてもらうと、必ず会場がどよめきます。経験年数は2年、3年という人から30年、年齢は40歳から60歳、最も客観性が高いはずの体重でさえ、45キロ（！）から72キロという具合に回答のバラツキは小さくないからです。

参加者にその理由を尋ねてみると、本当に様々な前提が出てきます。講師経験年数を10年未満と判断した人からは「体力的にもそんなに長くやれない仕事だと思う」「飽きているようには見えないので、おそらくまだそんなに長くやっていないはずである」などというコメントがあります。

その一方で、私の講師経験が20年以上と判断した人々からは、「慣れている感じがあるので、相当経験がある」「人前でこれだけアドリブで話すには、ちょっとやそっとの経験では無理なので20年以上やっているはず」、あるいは「前受けた研修の講師もそのぐらいの経験だったから」等々いろいろな前提が出てきます。

◎「前提」を交換する

まさに人の見方も解釈も千差万別であることが確認できますが、何のために私がこんな推論ゲームをやるかといえば、まず参加者全員に、「いろんな前提」があることを知ってほしいからです。この研修のウォームアップは「アウトプット（出力：この場合は講師経験年数など）は前提に左右される」という実験なのです。同じ部屋で、同じ時間を共有している20名の参加者が私を見て、同じ話を聞いているのに推論する結果がそれぞれ違う。言い方を換えれば、視覚野と聴覚野から取り入れている画像や音声は同じでも解釈が違うのは、個々の参加者の「隠れた前提」があり、その違いが結果に出てくるからだということを、最初に学んでほしいからです。

仕事でも生活の中でも、我々は相手と意見が噛み合わないことがよくありますが、その時におすすめしたいのが「前提交換」です。意見は言うけれども、前提をきちんと共有できていない場合がよくあります。意見は聞こえるけれども、前提は聞こえにくいのです。結局、お互いに意見を言い合うだけで、噛み合わなくなってしまいます。その場合はまず「前提」を交換して共有しなければ、話が前に進まなくなってしまいます。

研修の時も、私が参加者から引き出して初めてことばになる場合がむしろ大半です。また、発言しながら自分の持っている「隠れた前提」にハッと気がつく人もいます。

知力を高めるためには、自分が持っている「隠れた前提」の妥当性に注意することが必要です。「以前は確かに当てはまったけれども、この場合は当てはまるのだろうか？」「そもそも、この前提を持つようになったきっかけは何だろうか？」「この前提の根拠はあるのだろうか？」と自問自答してみる習慣をつくるようにしてください。

Lesson 02

「抽象のハシゴ」を移動する

◎抽象度と特性

同じモノを見ていてもそれぞれ解釈が異なり、同じ言葉を聞いていてもアタマで描いているイメージは違う可能性があります。その自覚を持つことが、お互いの思考の間口を広げることになり、また効果的なコミュニケーションの第一歩となります。

そこで、おすすめしたいのが「抽象のハシゴ」という概念です。日系アメリカ人の言語学者、サミュエル・イチエ・ハヤカワの名著『思考と行動における言語』で紹介されて以来、意味論の分野だけではなく広く伝えられているものです。

ハヤカワは事例として、我々の前に牝牛の「ベッシー」がいたとしたら、【ベッシー へ牝牛＜家畜＜農場資産＜資産＜富】という具合に抽象度を上げていくことによって「ベッシー」の諸特性が落とされていくことを見せています。言い換えると、抽象度を上げていくとまとめることができますが（例えば、馬、豚などの家畜、あるいはトラクターなどの農場資産）、その一方で、個々の特性が見えにくくなるということです。

ものごとを体系づけたり、整理するためには、抽象度を上げてそのカテゴリーにくくる作業が必要です。ただし、抽象度の高いことばだけで話していると、相手の理解がまったく異なることがあります。

例えば、「これからは強い組織をつくっていきます」と経営者が言った時に、ある人は「強い組織とは営業社員の数が多い組織」をイメージし、別の人は「強い組織とは少数精鋭部隊」をイメージするかもしれないのです。

◎木の上のサルのように

また、抽象度の高いだけの話は空理空論になりがちです。勉強した人ほどその傾向があるようですが、例えば「これからの戦略方針としては、事業採算性と戦略的合理性の高度の融合をめざし、さらなる経済的効率性と競争優位性において齟齬なく追求していく！」

というような話です。多くの聞き手は「？・？・」という状況になってしまうでしょう。

ハヤカワは、「（それよりも）低いレベルで見ることができるか否か」が重要であると述べています。「戦略的合理性って何？・」と尋ねられて、話者が二の句が継げない状況では困るのです。

重要なのは、「抽象のハシゴ」を上がったり、下がったりできることです。ハヤカワは次のように述べています。

> 面白い著作家、実のある話し手、正確な思想家、そして分別のある個人というものは、抽象のハシゴのあらゆる段階において活動し、素早くなめらかに、そして秩序あるしかたでより高いレベルから低いレベルに、低いレベルから高いレベルに動ける人――その精神はまるで木の上のサルのようにしなやかに巧みに美しく活動できる人である。

普段の会話だけではなく、レポートはもちろんメールで文章を書く時にもぜひ「抽象のハシゴ」を意識してみてください。

Lesson 03

リベラルアーツを学ぶ

◎七つの分野の「教養」

ここで、ハヤカワが先に紹介した日本の読者へ向けた序文の一部を紹介しましょう。

私は知りませんけれど、確かに日本にも、英語国でと同様の、意味論の大きな必要性がある、と、感ぜられるものです。意味のないコトバに影響を受けやすいこと、雄弁に熱をこめて言われたことを信じやすい傾向、事実で考えるよりも標語のようなもので考えやすいこと、などは英語国民や西洋人たちだけに特有の欠点ではなくて、人類の大部分の弱点であります。コトバによる自己陶酔の可能性は、言語のあるところ、常に存在します。

1951年に書かれた日本語訳序文の抜粋ですが、あまりにも今の世の中の課題を的確に述べています。ハヤカワは、原著となる最初の論稿を1941年に書いていますが、「それは当時、何百万の人々をその狂的・破壊的な見解に巻きこんだアドルフ・ヒトラーの実例に見る、宣伝の危険に対応するという意味が多分にあった」と述べています。

1906年にカナダに生まれたハヤカワも、1909年、オーストリアのウィーンに生まれたピーター・ドラッカーも、他の多くの思想家同様、ファシズムに対して声を上げるべき時に上げ、戦うべき時に戦う「ほんものの知力」を発揮したロールモデルです。

さて、「知力」の間口の広さと奥行を高めるとなると、リベラルアーツの習得は避けて通れません。昨年、ある日本の大手企業で大学院を出た参加者に「リベラルアーツって何だと思いますか?」と尋ねたところ、真顔で「リベラルっていうぐらいだから、左翼のアーツですか?」と言われてショックだったことがあります。

もっとも、2015年、文科省が国立大学に人文社会科学・教育養成系の規模縮小や統廃合を要請したほどですから、「リベラルアーツって何?」と言う人がこれから増えても不思議ではないのかもしれません。

ところが、これは時代に逆行していると言わざるを得ません。いったん、日本を出てみると、教育を受けた欧州のビジネスパーソン、特に歴史の長い英・独・仏、あるいはイタリアやスペインのビジネスパーソンはリベラルアーツをよく学んでいます。加えて、昨今注目を集めてきた国際バカロレア（163ページ参照）もリベラルアーツを重視しています。

リベラルアーツは一般教養と訳されることがありますが、もともとはギリシャ・ローマ時代に遡り、「(束縛されない）自由な市民」として必要な七つの分野をさしていました。生活の中で、時には法廷で弁論することも求められていたこともあって、まず文法、論理、修辞学（レトリック）を修めることが重要視されていたのです。加えて算術、幾何、天文学、そして音楽の合計7科目の分野でした。

近代から現代に移るにつれて、文学、言語学、哲学、歴史、数学、心理学、基礎科学が含まれ、自然科学から社会科学、人文科学までその範囲は広がっています。

以前、新聞の企画広告（複数の大学が拠出する特集記事）で「リベラルアーツ特集」の取材を受けました。そこで「重要なのは、knowing ではなく thinking のリベラルアーツ。それと、一つひとつを〝点〟で学ぶのではなく、すべてを関連づけて〝線〟でつなぎながら学ぶこと」を私は強調しました。暗記中心の受験勉強の延長ではない、という意味です。

◎目的は自分自身を磨くこと

「リベラルアーツは役に立たない」という意見を聞くことがあります。しかし、いったん日本を出ると、ありとあらゆる話題について質問を受けたり、見解を求められます。

私がシリコンバレーのコンサルティング会社にいた時のことです。インターンとして働いている学生が「来週、京都に行くんだ！」と言って張りきっていました。「なぜ京都がそれほど好きなのか？」と聞いたら、「ドクター・ニシダを尊敬しているから」という答えが返ってきました。医者ではなく、西田幾多郎のことです。彼としては、ドクター・ニシダを知らない日本人がいるなどとても信じられないことなのでしょう。

海外への発信の際にも、リベラルアーツは重要です。あるフランス系の製薬会社に勤める日本人が、フランス本社でかなりタフなプレゼンテーションを行うと聞いた私は、冒頭の「つかみ」に、「彼方《かなた》の世界では虚偽であることが、ピレネー山脈の此方《こなた》では真理である」という、ものごとの二面性をあらわすパスカルの『パンセ』の一節を使うことをすすめました。日本で実施することを考えているマーケティングプランの承認をとりつけるのが趣旨で、日本のローカルニーズを的確に説明する必要があったのです。彼曰く、うるさ型のフランス人の心を見事に鷲づかみしたとのことでした。

残念な事例もあります。ある日本企業の人がドイツの企業の幹部の家に招かれた時です。そのドイツ人が誇らしげに肖像画を見せ、その日本人に「誰だと思う？」と聞いたのです。わからなかった彼は、思わず「ナポレオン！」と言ったのでした。ちなみに、その肖像画はバッハだったのです。ナポレオンはドイツ侵攻もしていますので、微妙な空気になってしまったとのことでした。

これらの事例は、確かにknowing、知識の問題とも言えるのですが、大事なことは、こうした知識から率直にいろいろな会話に展開できる力です。もし、特定の固有名詞や人名がわからなければ聞けばいいわけです。そこで話が盛り上がれば相手との距離も一挙に縮み、仕事にも好影響を与えます。

もっとも、そうした「実利」ばかりをねらっていると、身につかないのもリベラルアーツの特性です。あくまでも、自分自身を磨くためだと思ったほうがいいでしょう。

先に述べたように、リベラルは「自由の女神」（Stature of Liberty）のLibertyと同じ語源で、liberateは「自由にする」「解放する」という動詞になります。広くあまねく学ぶことによって、固定観念の束縛にとらわれずに、視野を広げ自由な発想を可能にする、そんな意味合いがあるのです。

「これからのリベラルアーツ」として重要なことは、こうした一般教養だけではなく、今、広く世界で起きている出来事、特に日本人が苦手とする宗教の話題についても会話ができるようにしておくことです。そして、何よりも日本のことをしっかり話せるようにしておくことです。例えば「日本人はなぜ、葬儀は仏式が多いのに、クリスマスを祝い、神社にお参りするのか?」「江戸時代から明治維新への転換はなぜできたのか?」「日本のバブル経済はなぜ崩壊したのか?」などなど様々な質問を寄せてきます。

日本が世界に発信してきたアニメも、もはやリベラルアーツの範疇と見ていいでしょう。ジャカルタでインドネシア人のマネジメント教育をやっていた時のことです。私が以前、武道をやっていたと自己紹介したところ、若い参加者2名から「バットウサイ!」(抜刀斎)と言われました。映画化もされた「るろうに剣心」の主役、緋村剣心のことを言っていたのです。上映されたのは世界50カ国を超えていたことを思えば納得です。この時も、「るろ剣」の舞台となる時代背景から、江戸から明治維新、その後の近代化の流れをインドネシア人にわかりやすく解説しました。アニメというリベラルアーツが、大いに役立ったのです。

COLUMN

国際バカロレア

本文で述べてきたように、日本の教育は「知っているか、否か」(knowing)の比重が高く、「考えること」(thinking)軽視でした。その対極として、世界で広まってきているのが国際バカロレア（International Baccalaureate　以下IBと示す）のプログラムです。

IBは1968年にスイスのジュネーブで設立された非営利の教育機関です。IBプログラムは3歳から19歳までを対象に、2016年5月のデータでは世界151カ国、4,460の学校で提供されています。

IBでは、下記を使命としています。

「多様な文化の理解と尊重の精神を通じて、よりよい、より平和な世界を築くことに貢献する、探究心、知識、思いやりに富んだ若者の育成を目的としています。

この目的のため、IBは、学校や政府、国際機関と協力しながら、チャレンジに満ちた国際教育プログラムと厳格な評価の仕組みの開発に取り組んでいます。

IBのプログラムは、世界各地で学ぶ児童生徒に、人がもつ違いを違いとして理解し、自分と異なる考えの人々にもそれぞれの正しさがあり得ると認めることのできる人として、積極的に、そして共感する心をもって生涯にわたって学び続けるよう働きかけています」（以上、IBの使命から）

私の息子が実際にIBのディプロマプログラムを終了したのですが、常に授業の中で「多面的に考える」ことと、「オープンにコミュニケーションをとること」を求められていました。

2013年6月に、日本でもIB認定校を2018年までに200校とすることが閣議決定されました。IBが日本でも教育改革にいい影響を与えることを期待します。

04
Lesson

「知的傲慢」を捨てる

◎ドラッカーの教え

「もしドラ」のおかげで、ピーター・ドラッカーの日本での認知はかなり上がったのではないかと思います。しかし、ドラッカーについてどこまで知っているか、あまりに間口が広く、奥行が見えないほどの知力の持ち主を理解できているかとなると私も正直、知れば知るほどすごい！　としか言いようがありません。

２０１５年には千葉の県立美術館でドラッカーが所蔵する日本画、蕪村や雪舟を含む２２０点が展示されており、テレビでも紹介されていました。コレクターというだけではなく、80歳を超えてからＵＣＬＡで日本近世美術史の講師をするようになったほどですから、その造詣の深さたるや、おして知るべしです。

ドラッカーは常に「自分の強みの上に築け」と主張していたのですが、我々の無知を放置していいとは述べていませんでした。紹介しましょう。

（略）フィードバック分析は、伸ばすべき技能や新たに身につけるべき知識を明らかにする。更新すべき技能や知識を教える。逆に自らの技能や知識の欠陥を教える。無能ではないという程度の技能や知識ならば、よほどのものでないかぎり、誰でも手に入れることができる。

数学者になるためには才能が必要である。だが、三角法は誰でも学べる。外国語も誰でも学べる。歴史、経済学、化学についても、同じことがいえる。

第三は、とくに重要なこととして、無知の元凶ともいうべき知的な傲慢を正すことである。多くの人たち、特に一芸に秀でた人たちが、他の分野を馬鹿にする。他の知識などなくとも十分だと思っている。

ところが、フィードバック分析は、仕事の失敗が、しばしば知っているべきことを知らなかったためであったり、専門以外の知識を軽視していたためであった

ことを明らかにする。（『明日を支配するもの』P．F．ドラッカー）

ここで、補足の解説をします。この箇所を読んだ時、ドラッカーはあたかも我々読者の言い訳を意識しているのではと思いました。例えば、「英語なんかやっても、しょせんネイティブ・スピーカーみたいにはなれない。だからやらない」というような言い訳です。別にそこまでならなくても、「無能ではないという程度」までは、何でも身につけることが可能であると述べているわけです。

では、無知のままでいられる元凶はどこにあるか、それをドラッカーは「知的な傲慢」と述べています。傲慢と言っても別に偉そうにしている、という意味ではなく、「そんなもの不要だ」と他の分野を軽視する態度のことです。

先の文章の後、ドラッカーは我々にいかにもありがちな事例をあげて、わかりやすく解説しています。

一流の技術者というものは、人間について、むしろ何も知らないことを自慢したがるところがある。彼らの目からみれば、人間はあまりにも不合理な存在である。

同じように、会計士も、人間を知る必要はないと考えがちである。逆に、人事の人間は、会計や定量的な手法を知らないことを鼻にかける。

海外拠点の責任者となった者は、経営に優れてさえいれば、活動の舞台となった国の歴史、伝統、文化、芸術を学ぶ必要はないと考える。まさにそのために、せっかくの経営能力をもってしても、いかなる成果も上げられない。

したがって、知的な傲慢を改め、自らの強みを十分に発揮するうえで必要な技能と知識を身につけていかなければならない。

◎言い訳の根底にあるもの

以前書いた『大学院生のためのアタマの使い方』という本の中で、私は知的怠慢と知的傲慢ということばを使いました。修士号、あるいは博士号を持った専門性の高い人達が、まさにドラッカーが指摘していた状況になっているのを多くの企業で見ていたのです。

この箇所を企業研修で紹介すると多くの場合、苦笑や溜息が参加者の間で見られます。日本支社に赴任してきたあるフランス人は、「辛辣だけど、認めざるを得ないね」と言っていました。「いろいろなことを学ばなければならないのはわかっているけど、どうも面倒で」とか「時間がない」という、やはり「言い訳」が絶えません。言い訳の根底には、知的傲慢があるのではないでしょうか。

一方で、経理部門で長いこと仕事をやっているけれども、営業、製造、あるいは研究開発部門にも人脈を築き、他の分野のことに対する好奇心や理解が高い、という人もいます。開発者として採用され、開発畑が長かったけれども、マーケティングに興味を持ち、自分たちが開発した商品についてユーザーが何を考えているのか率直に知りたいということで、現在は顧客対応窓口で活躍している人もいます。

我々が本来持っている「知りたい」という欲求があれば、いろいろな方向に知的アンテナが向いていきます。それについて考えたり、調べたりすることをやっていると「そういうことか!」という心地よい「スッキリ感」が得られます。そしてそれを繰り返していると、「もっと知りたい」という好循環が生まれます。いわば、「知的好奇心の雪ダルマ」状況に自分を置ければいいのです。そのためには、我々が持っている頭の中の「垣根」を取り払うことが必要です。

05
Lesson

理系・文系の垣根を越える

◎知的怠慢のあらわれ

以前から、私は文部科学省の三つの大罪として、「知っている（knowing）か否かの知識偏重で、考える（thinking）ことを軽視した教育」「1問1答主義」、そして、「理系と文系の深い溝」を指摘してきました。前の二つについては、これまで述べてきたところですので、ここでは「理系と文系の深い溝」についてふれます。

理系と文系の溝が気になりだしたのは、今から20年以上前、シリコンバレーから戻って日本でコンサルタントとしていろいろな企業の人と話す機会を持ってからです。話している時に目立つのが、「私は理系ですから……」「私は文系なので……」ということばだったのです。

海外では、What is your major?（あなたの専門は何ですか?）という質問がなされ、質問された側は、電子工学だ、社会学だというふうに答えます。そして、ここが肝心なところですが、その後、「では、社会学でどんなことをやったの?」とか、「電子工学から今の分野の研究に変わった経緯は?」という具合に会話が続いていきます。ところが日本では、まず理系、文系という区分があり、その後両者は立ち入らないことがよくあるのです。

私はこれは言葉の問題以上に、そこに横たわる深い溝の表出と考えています。つまり、学問や研究分野について、大雑把な二分法をつくっているだけではなく、先のコメント後には「私は○○ですから、□□は知らなくて当然!」というニュアンスがあらわれるのです。

まさに知的傲慢でもあるのですが、その溝や壁を強化してしまったのが、日本の教育制度です。まずいことに、「理系進学コース」などといって進路の決定をどんどん早い段階でやろうとする結果、その壁が強化されてしまっています。

もっとも、理系と文系、自然科学系と社会科学系もしくは人文科学系の対立は日本だけでもなく、また今に始まったことでもありません。今から、ちょうど60年前、イギリス人の物理学者であり著作家でもあったチャールズ・スノーが「二つの文化」と題してそのことを指摘しました。スノーは「文学的知識人を一方の極として、他方の極には科学者、しかもその代表的人物として物理学者がいる。そしてこの二つの間をお互いの無理解、時には（若い人たちの間では）敵意と嫌悪の溝が隔てている」と述べ「だが、もっとも大きいことは、お互いに理解しようとしないこと」を憂慮していました。彼は「二つの文化」を行き来しながら、お互いがお互いの無知を軽蔑し合っているような場面を幾度となく経験していたからです。

それまで、蒸気機関、電気、電子、化学、そして原子力と、産業革命から目覚ましい科学技術革命を経験し、社会に取り入れてきたイギリスと諸外国の知識人に、スノーの指摘は大きな波紋を投げかけました。

◎意味を失った理系・文系の区別

その後、現在のように、情報革命と技術革新のスピードが加速される世の中になると、理系と文系の区別は意味を持たなくなり、加えて新たな学問の分野や学科が創出されています。言語学はコンピューターの発展に大きく寄与したことはよく知られていますが、言語学が進化人類学、認知生物学などとマージすると進化言語学という分野が生まれ、経済学だけでは説明できない部分に消費者の心理的要素を加味すると行動経済学という分野が生まれるという具合です。

こうして見ると、理系と文系という区分も、そこにお互いを隔てる壁をつくることも無意味であることが確認できるでしょう。

最近、私は「壁」ということばよりも、「垣根」を使うようにしています。理由は、「壁」というと「何か越えられないもの」というイメージがつきまといますが、「垣根」なら乗り越えるのはたやすい、というイメージがあるからです。加えて、垣根はこちらから少しは見えている、まったく見えないわけではない、ということも強調したいのです。

Lesson 06

苦手意識がいつ芽生えたのかを知る

◎多くの場合、教師に原因がある

「理系と文系を隔てる垣根」とは、言い換えれば苦手意識であり、自分の領域を守りたいという防御反応でもあります。残念ながら、我々は気がつかないうちに、苦手意識をつくり、大人になっても「知の食わず嫌い」状態が続くことがあります。

私は、これまで日本の大手企業や外資系企業に勤める「優秀」と言われる日本人を、おそらく4万人前後、経営大学院や企業研修で見てきましたが、彼等、彼女達が様々な分野について根強い苦手意識を持っていることを確認してきました。

苦手意識は「嫌い」の延長にあります。彼等、彼女達に聞いてみると、数学嫌い、歴史嫌い、音楽嫌い、英語嫌いと、中学、高校のほとんどの科目があがってきます。そして、なぜ嫌いになったかというと、「先生の教え方」というのが、最もよくあげられる理由の一つです。

例えば、「自分の好きな作家の作品、例えば太宰治だけに時間をかける国語の先生」「朝からワーグナーを聞かせていた音楽の先生」「労働組合の話を延々とする社会の先生」という具合です。授業を受ける立場を考えなければ、こちらが伝えたいことも伝わらないというのは自明の理です。

一方で、学生は敏感に、教える側の熱意も見ています。「中学の時の英語の先生は若くてやる気に満ちていたけれども、高校の英語の先生は流してやっていたので、つまらない文法がよけいつまらなくなった」というようなコメントは少なくありません。

加えて、受験による優先順位づけも影響しています。例えば「数学は当初嫌いでもなかったけれども、高校になったら急に難しくなって、受験科目ではないから捨てていたら全くついていけなくなった」という人です。他の科目が当てはまる人もいるでしょう。

◎ホンモノかニセモノか

さらに、つけ加えたい原因があります。「この先生が教えているのはホンモノか？」と生徒は嗅ぎ取って不信感を抱き、信頼できなくなった結果興味を失い、嫌いになってしまうパターンです。これは特に英語に言えることなのですが、学生は発音も含めて先生の英語を聞きながら、敏感に「これは英語ではない」と感じとっているのではないでしょうか？中学に入る思春期は、「大人の一貫性」が気になるものです。幸い英語が本当にできる先生に当たればいいのですが、多くの場合はそうではありません。

多くの学生が「この先生が教えているのは英語ではない」と判断しているという仮説は、それほど外れていないと思います。最近のある調査では英語を苦手とする中学生が6割いるということです。

こうして見ると、子どもの時に、いろいろな苦手意識が芽生えてしまうのも無理のない話かもしれません。しかし、大人として、自分がなぜ苦手意識を持ってしまったのか考え、その原因に思いあたれば、「何だ、そんなことだったのか」と気づいて、意外とあっさりと乗り越えられるはずです。

07
Lesson

「理の体幹」を鍛える

◎物事の本質をつかむ力

苦手意識を超えていろいろなことを学ぶ、と聞くと、「では、学校の勉強をやり直すのか？」と思う人もいるでしょう。必ずしもその必要はありません。なぜなら、ほんものの知力を伸ばしていくコツは、「科目」を学ぶのではなく、「理の体幹」を鍛えることです。

物理、心理、あるいは数理、薬理、法理ということばがあるように、理《ことわり》というのは、筋道であり、原理原則のことです。「物の理を考えるのが物理学で、心の理を考えるのが心理学」と見ればわかりやすいでしょう。公に認められた公理、定まった定理、あるいはその反対の逆理という具合です。「理の体幹」とは、その筋道を押さえ、物事の本質をつかむ基本的な力を意味します。

それでは、「理の体幹」を鍛える三つのコツを紹介しましょう。

第一のコツは、「わからないことは、わかるところまで遡ってみる」習慣です。

今は、WEBで何でも調べることができるのですが、いくら解説を読んでもわからないという状況になることがあります。例えば、「パナマ文書」や「カミオカンデ」ということばに遭遇したとします。今では検索すればすぐに解説が出てきて、読めばわかる人もいますが、わからない人もいます。

当たり前のことですが、わからないことばが多い場合は理解するのが難しくなります。少なければ、前後の脈絡から考えて推論ができますが、その場合でも、そのことばをちゃんと調べなければなりません。例えば、「キャピタル・フライト」とか「ニュートリノ」ということばの意味が明確でなければ、ちゃんと調べます。「わからないことは、わかるところまで遡る」作業を続けるわけです。

ところが、「調べていけばいくほど、わからなくなった」ということもよくあります。まさに、森の中に迷い込んだ感覚です。意味も概念も不明な固有名詞、記号、数式などに囲まれると、理解不能になるのも当然です。

◎個別の意味と全体像

そこで、二番目のコツです。

それは「そもそも、これは何のことだった？」という問いです。言い換えれば、全体像を意識することです。「キャピタル・フライト」や「ニュートリノ」の事例で言えば、「高額な税金を納めている人達は、それを回避しようとしているんだ」とか「宇宙の仕組みを理解するためには素粒子は欠かせないんだ」ということに戻れば、断片的にしか理解されていなかった固有名詞がつながってきます。

つまり、一番目のコツ「わからないことは、わかるところまで遡る」と、二番目のコツの「そもそも、これは何のことだった？」という全体像の確認を交互に繰り返しながら、探索していくのです。

そして三番目のコツは、ことばの語源と語幹を意識してみることです。ことばを研ぎ澄ますということは、第2章でも紹介しています。ここではさらに進めて、語源と語幹を考えてみる習慣です。

語源はそのことばの成立の起源であり、歴史を遡ってみてわかる、もともとの意味です。語幹は語尾の反対で、活用の変化に影響されない幹の部分です。先ほどのリベラルアーツで言えば、形容詞の liberal でも、動詞の liberate も liber が共通で、その意味は free＝自由に相当します。このことを知れば、リベラルアーツの概念もよりつかみやすくなるでしょう。語源や語幹に注意する習慣を身につけておくと語感が磨かれ、ことばの意味の理解が広がっていくのです。

語源学のことを etymology といいますが、オンラインの語源辞書である www.ethymoline.com はおすすめです。

08
Lesson

日本語と外国語の変換を習慣づける

◎もとの意味を知る

ここでちょっとややこしい課題があります。語源や語幹の意味を考える時に、カタカナのままではなく、もとのことばをチェックすることです。例えば、「ニュートリノ」ということばに初めて接した時に、「ニュー」＝新しい、だから「新トリノ」と誤解してしまうことがあるのです。「ニュー」は new ではなく neu です。「中性子は英語 neutron だから、中性微子と訳されるニュートリノは neutrino なんだ！」とつながると理解が早くなるのです。

日本語は大和言葉、漢語、外来語の三つが混在し、外来語は増える一方です。それをカタカナとして取り入れ、日本語として使用できるようにしたのは先人の知恵でもあるのですが、内容を考えずに使ってしまうことが多いのです。英語だけではなく、「アカペラ」「ファクト」などラテン語のことばも入っています。また、カタカナ同士の造語も増え、「パワハラ」「セクハラ」から「マタハラ」あるいは「オワハラ」まで普及しています。知らずに使っていると、もとの意味を知って驚くこともあります。

例えば、「プルサーマル」は和製英語ですが、これは二つのことばを合成しています。プルトニウム＋サーマル（熱の利用）、つまり使用済みの核燃料を再利用する原子力発電のことです。「プルサーマル」ということばに置き換えられると、「プルトニウム」というといかにもやっかいなものが見事に隠されてしまう、と考えるのは私だけでしょうか。

アルファベットの略語もまた、我々の生活に入り込んでいます。不動産の物件には建物の構造の箇所に、ＲＣ構造と書かれています。バスタブの表記を見るとＦＲＰ製というのもあります。このＲは同じであることに気づくと理解が進みます。ＲＣ構造＝鉄筋コンクリート、ＦＲＰ＝強化プラスティックという訳で見ているとわかりませんが、Reinforced Concrete、Fiber Reinforced Plastics と英語で見れば、「どちらにも強化するという意味の reinforce が入っている」と腑に落ちるわけです。

◎頭の中に連鎖反応をつくる

福島第一原子力発電所の原子炉はＢＷＲ、「沸騰水型」と言われるものです。沸騰ですから、ゆで卵を考えれば、Ｂがboilとつながるでしょうし、Ｗは水でwaterです。つまり、英語ではBoiling Water Reactorです。では、なぜreactorというのでしょうか？

これはreaction、つまり反応から来ています。Chain Reactionと言えば、文字通り、連鎖反応を意味し、原子炉の中で核分裂反応を起こすので、reactorというわけです。

このように、日本語を英語に置き換えたり、略語をもとに戻してみたりすることによって、「つながらない意味」がつながるようになるのです。まさに、そんな連鎖反応を頭の中で普段から起こすようにしておくと、ものごとの本質に近づくことができます。

アルファベットの略語を見ただけで英語嫌いの人はアレルギー反応を示すかもしれません。ただ、先に紹介したように、英語だけではなく、ラテン語やπやΣのようなギリシャ文字も我々の日常に入り込んでいます。冷静に考えてみれば、外国語との垣根もそれほど高くないことに気がつくのではないでしょうか。

日本語と外国語、略語も含めて変換する習慣を身につけておくことは、仕事の時はいっそう重要になります。特にプレゼンテーションの時です。

09 Lesson
「わかっている」に注意する

◎「わかっています！」と言う前の6段階チェック

私は、これまでコンサルタント、講師、企業内講師など「教えるプロ」と呼ばれる人たちや、広告代理店、総合商社のようにコミュニケーションによって付加価値を提供している企業に勤める人達にも、様々な研修を行ってきました。

製薬、医療機器、素材、電子、機械などそれぞれの専門分野の学会でプレゼンテーションを行った経験を持つ人、特に国際学会での発表経験者を対象にした研修も少なくありません。プレゼンテーションの場数を相当積んできた彼等、彼女達の中には、明らかに場数を踏んでいて、抜群の安定感を醸し出しているような人達もいました。

その一方で、「プレゼンはやってきたはずだけれども、苦手」という人も少なくありません。特に多くの日本人が苦手意識を持っているのが、質疑応答です。この原因は、教科書を読み上げたり、ノート通りの一方的な講義を受けてきた教育環境にあります。考えてもみれば、生徒からの質問を歓迎してくれた先生はどれほどいたでしょうか？

ですから日本人はまず質疑応答になれることが重要なのですが、実はその前にやっておくべきことがあります。プレゼン資料に書いたことばについて、自分では「わかっている」つもりでも、その実「わかっていない」ことが少なからずあるので、そこをしっかりチェックしておくのです。「わかっている」ことについて、次の6段階でチェックします。

1　ことばとして聞いたことがある。
2　文字として誤解しないで認識できる（漢字・英語）。
3　そのことばの意味がある程度理解できる。
4　そのことばの意味を他者にある程度伝えることができる。
5　そのことばの意味、概念、理論などについて明確に他者に説明できる。
6　そのことばについては、複数の参加者から質問を受けても困らない。

◎普段から点検すること

このモデルはあるコンサルティング会社の教育を行っている時に作成しました。彼等、彼女達はプロフェッショナルとして、自分の資料については6段階まで行っていなければなりません。そうでなければ、お客様からお金をいただけないわけですし、質疑応答の時にあやふやな答えをしていたら炎上してしまいます。

ところが、これがなかなかできません。ROE(Return on equity 株主資本利益率)、IRR(Internal Rate of Return 内部収益率)、ERP（Enterprise Resource Planning 企業の経営資源一元管理システム）と3文字略語が飛び交う環境にいると、「ERPはERPだ！」という具合に、略語の概念はわかるけれども、正確にはわからないという状況になってしまうことがあるのです。

「普段の仕事では支障がないから、いいんです」と言い訳をした人がいましたが、いつどこで、何について聞かれるか、せめて自分の用意した資料ぐらい、どこをつつかれてもいいように準備しておきたいものです。

もう一つ、このモデルでないがしろにできないのが第2段階です。こちらが話している時、相手の頭の中に的確な漢字が浮かんでいるとは限りません。以前、経営大学院の授業をとっている人達に「グローバルビジネスにおいては、チセイガク的なものの見方も欠かせません」と言った瞬間、24名ほどの参加者には伝わっていないという感覚を持ちました。そこで、「チセイガクを紙に書いてみてください」と全員に書いてもらいました。その結果、治世学、地性学、地勢学と様々な「チセイガク」が出てきてしまいました。そのグループは勉強している人が多いせいか、残念なことに「知性学」と書いた人が4割もいました。

実は、私は英語表現も交えて「ジオポリティカルな見方ですよ」とヒントを出していたのです。それでも地＝Geo 政＝Politics 、地政学と書けた人は3割程度にすぎませんでした。

これは、ほんの一例で、ことばが本当に相手に伝わっているのか、自分自身普段から安直に「わかってます」と言っていないか、その点検が重要です。

10
Lesson

「つながった感覚」で知力を広げる

◎共通点は何か

先に紹介した地政学＝ジオポリティックスですが、地熱発電のことをジオサーマルパワーと言い、地学はジオロジーですから、ジオ（geo）とは地面であり、地球という意味があるとつながっていきます。つなげて覚えていくと長期記憶として定着し、単語の丸暗記をするよりはるかに効率がよくなります。

我々の思考活動はニューロンの結合によって行われています。ですから、まさに「つながった感覚」を楽しめれば、どんどん我々の知力を広げていくことができるのです。しかも、一見関係がないように思っていた事柄や人物が、「つながる！」とわかると我々の好奇心は多いにかきたてられます。
例えば、次の3人の共通点を考えてみましょう。

福沢諭吉　坂本龍馬　山葉寅楠

さて、最初の2人は説明不要でしょうが、山葉寅楠《やまはとらくす》については、ヤマハの関係者以外の人には解説が必要でしょう。そう、ヤマハの創業者です。生まれたのは、福沢諭吉（1835年生まれ）や坂本龍馬（1836年生まれ）に比べると、かなり後の1851年、嘉永4年です。紀州徳川藩の天文係をしていた父の影響もあって、科学技術になじみ、機械器具をいじることも得意でした。そのことが、後にオルガンを見て「これなら、自分でつくれる！」と言ってオルガン製作につながります。

3人の共通点は、明治維新の前に生まれてそれぞれ活躍していることでしょうが、それ以外にも共通点があります。知的好奇心の塊であったこと、そしてすぐに行動に移せる能力を持っていたことです。

そしてもう一つの共通点は、3人とも剣の達人だったということです。山葉寅楠は小野派一刀流という剣の達人で、藩内でも評判だったようです。坂本龍馬は、言わずと知れた北辰一刀流の使い手、そして福沢諭吉も居合の免許皆伝で、亡くなる直前まで素振りを欠かさないほどでした。侍だったから剣術をやっていたという話ではなく、かなりの腕前ということです。武道によって、集中力が培われるだけではなく、ことにあたって動じない胆力、相手との駆け引きや間合いといった要素も習得できたのではと推察されます。

ちなみに、2016年はちょうど、山葉寅楠没後100年の年でした。元祖エンジニアとも言える彼の心意気とちょっとつながるだけでも元気が出ると感じるのは私だけではないでしょう。

◎きっかけと結果のつながり

「つながる事例」をもう一つ。世界的な理論物理学者として知られるデビッド・ボームは対話（ダイアローグ）についても深い考察を残しています。対話については、また後ほど解説しますが、ここでは彼が対話について考察するきっかけにもなった話です。

ボームはある有名な物理学者の弟子でもあったのですが、その物理学者と、量子物理学者でノーベル賞も受賞したニールス・ボーアとの関係が気になりました。当初、この世界的な物理学者2人は温かい友情を分かち合っていたにもかかわらず、のちに口もきかなくなってしまったのです。

ボームの師であった有名な物理学者とはアインシュタインです。

当初、ボーアとアインシュタインの2人は物理学について非常に活気に満ちた討論を戦わせたりしていたのですが、次第に相容れない地点にまで達したのです。ボーアの意見は量子論に基づき、アインシュタインの意見は相対論に基づいていたからです。

20世紀を代表する2人の偉大な科学者がコミュニケーションをとれずに、意味の共有ができなかった――その事実が、デビッド・ボームのダイアローグの探求につながったわけです。そして、ボームのダイアローグの理論は、彼が亡くなってから（1992年没）いっそう、その実践の工夫がなされてきており、ファシリテーターの勉強をした人の間でもよく知られているのです。

11
Lesson

「置き換える」を活用する

◎検証のための「置き換え」

「つながる」と同様、頭の動かし方としてもう一つ積極的に活用したいのが、「置き換え」です。「置き換え」の機能として、三つ紹介します。

まず、「検証のための置き換え」です。何を置き換えるかと言えば、対象となる概念のコンテクスト、つまり前提や背景を変えてみることです。制約条件を変えたり、時間軸や空間軸を置き換えてみることによって、問題を多面的に検証することが可能となるのです。

例えば、「少子高齢化はなぜ起こる?」というお題をある企業で出した時の話です。「ここ数年の先行き不透明感や将来に対する不安が原因」と発表したグループがありました。

いかにもありがちな原因指摘だったので、私は質問しました。「ここ数年とは、何年ぐらいですか？」「先行きの不透明感や将来に対する不安と言われましたが、経済状況がよくないという意味ですか？　もし、そうだとすると経済状況がいい時、例えばバブルの時には起きていなかったのでしょうか？」と。

すると、発表した本人がすぐに気づいて「あー、確かにそうですね。具体的に出生率が下がってきたのは、もっと前からですね」と述べました。時間軸を置き換えると、原因として取り上げた要因が本当の原因か否か、わかることがあります。ちなみに、合計特殊出生率が2・0を下回ったのは1975年で、平成元年（1989年）には1・57でした。

また別の企業で、少子高齢化の問題を出してみたら、「生物として、おそらく個体数維持の力が働いている」という発言まで出たことがあります。「生物として、ということなら、アジア、アフリカ含めて、地球上の全人間に当てはまらないとおかしいですね？」と訊ねたので、これも発言した本人が気づきました。空間軸を置き換えてみたのです。

職場の会議でも、「わが社が売れていないのは、○○のせいだ！」と元気よく発言する人が見られますが、その時も「売れなくなってきたのは、いつ頃からでしょうか？」とか、「他社の類似商品の売上げは落ちているのでしょうか？　もし、そうでなければ何が違うのでしょうか?」と条件を置き換えて質問することは大変効果があります。

◎伝えるための「置き換え」

次に「伝えるための置き換え」について述べます。メッセージの内容を相手にわかりやすく伝える時の置き換え作業は、メタファー(隠喩)やアナロジー(類推、類比)と言われるものです。瀬戸賢一氏は著書である『メタファー思考』で、メタファーについて「『見立て』と考えるとわかりやすい」と述べています。会社組織を野球チームに見立てたり、キャリアプランを登山に見立てるというように、メタファーはよく使われます。さらに精度の高いメタファーは〈A:B=C:D〉の構造を維持している構造的なメタファーであり、これがアナロジーになります。瀬戸氏によると両者の間に明確な線は引けないとしながらも「メタファーは点対応、アナロジーは面対応」と述べています。

例えば、世界的な金融危機を生んだサブプライム問題を扱った映画、『マネーショート』(原題「The Big Short」)はアナロジーを駆使した秀作です。映画の中で、債務不履行リスクの高い金融商品を格付けの高い商品に巧妙にまぜながら売りさばく仕掛けを説明する場面がいくつか出てくるのですが、積み木のゲームや残った食材をうまく他のメニューに取り入れるシェフの話など、アナロジーが効果的に使われていました。

「学問のすゝめ」で、福沢諭吉は、学校の教師が訳書の講義をする時に、「丸き水晶の玉」と難しい顔で言ってもダメだと述べています。丸いというのは、角のとれた団子のようなもので、水晶とは山から掘り出すガラスのようなものだと言えば、よく伝わるのです。

福沢もアナロジーを効果的に使って、伝える工夫を惜しむなというメッセージを残しているのです。的確な置き換えを使うことは、思考力を使うことにもなるし、コミュニケーションをとる対象を広げることにもなるのです。

◎理解を深める「置き換え」

最後の「置き換え」機能としておすすめしたいのが、「自分のこと、もしくは自分の周りのことに置き換えて、ものごとを考え理解を深める」ことです。

例えば、歴史に興味を持とう！　と言われても、興味のわかない人は多いでしょう。でも、次のことを考えてみたらいかがでしょうか？

今から500年前のあなたの先祖は何人ぐらいいるでしょう？

500年前と言えば戦国時代で、織田信長が生まれるちょっと前ぐらいの時代です。これをざっくり計算すると約１００万人となります。親が２人、祖父母が４人、曽祖父母が８人という具合に、ｎ世代前の先祖の数は２のｎ乗となると考えれば算出できます。１世代を25年とすると５００年分遡った世代は20世代前になり、先祖の数は２の20乗＝１０４万８５７６人となるのです（もっともこの算出方法はいとこ同士の結婚を無視しているので、実際の数は減ります）。

自分には膨大な数のご先祖達がいて、みんなそれぞれの時代を生き抜いて、子をつくって、その人達の血を連綿と受け継いで今の自分がいるのだな――そんなふうに、自分ごとに置き換えることができれば、歴史の出来事にも好奇心がわいてくるでしょう。

未来についても、同じことができます。数十年後の世界についての予測本も出てきていますが、身近にいる子どもを見ながら「この子が今の自分の年齢になっている時の世の中は？」などと置き換えて考えると、遠い話を手繰り寄せることができるのです。

加えて、「他者の経験を自分ごととして置き換える」習慣は、他者への共感力を育むことになります。シリアの難民の話題は先にもふれましたが、国内外で自然災害に被災された人、原発事故で地元に戻れない人、あるいは本人の努力ではどうしようもない状況に追い込まれた人など、「多様な他者」の出来事を自分ごとに置き換えてみることです。

他者への共感力、配慮は「知力」を磨くためには欠かせません。

Lesson 12

好きなところから入り、横に広げる

◎好きなことだから行動を起こせる

この章では、知力の間口と奥行きを広げるヒントを紹介してきましたが、「間口と奥行」についてはは焦ることはいっさいいない！　ことも強調しておきましょう。

まずは、好きなことから始める、興味のわくことから着手するということも重要です。

手塚治虫の『ブラックジャック』にはまって、医者になった人がいます。エルトン・ジョンの曲を見よう見まねで中学生の時から弾いていた友人は音楽大学の教授になりました。ビートルズの歌を英語で歌いたい一心で英語を勉強し、外資系企業の日本代表を務めた人がいます。学生時代から面倒見がいいのがとりえで、マンションの管理組合のベンチャーを起こした友人がいます。

「好きなことを続けられるのは才能である」と聞いたことがありますが、確かに、好きなことを続けることは容易ではありません。ただ、好きなことは、人から言われなくても自分が主体となって学び、行動を起こせるのです。皆さんの周りにもそういう人はいるでしょうし、皆さんもそうして何かをやってこられたと思います。

ただし、知的好奇心を広く、深く展開していく上では、興味があることを探求していくのもいいのですが、一方で、意図的に横に展開してみることも重要です。

横に展開するその過程で偶有性、つまり偶然なのか、必然なのか、区別がつかないような状況を楽しむことです。きっかけは思いもよらぬところに潜んでいたりします。

私の知人の事例を紹介します。

◎ドラマのバック曲から会計士に

あるテレビドラマのバックに流れる曲がどうしても忘れられない。調べてみたらヴィヴァルディの「調和の霊感」の一節だった。それまで、クラシック音楽には全く興味がなかったけれども、それ以来、バロック音楽を聞くようになった。数年後、イタリアに旅行に行き、ベネチアの広場で演奏されているヴィヴァルディの「調和の霊感」を聞き、今度はベネチアに興味を持った。ベネチアの歴史をネットで見ていたら、複式簿記発祥の地であることがわかった。もともと商学部出身だった彼はその後、公認会計士になった。

彼は音楽から始まり、複式簿記の歴史を知って公認会計士のキャリアを積むようになりました。好きなことから始めて、横に展開していったわけです。彼は、大学在学中は授業にはあまり出ていなかったようです。それでも、複式簿記発祥の地を実際に見て、眠っていた好奇心が復活したと言っていました。どこにきっかけがあるかわからないものです。「つながる」スキルや「置き換える」スキルが活かされていることが確認できるでしょう。

ところで、なぜ「好きなところから入る」ことが重要なのか、補足します。人の学び方は千差万別であり、実はこのことが教える側の課題にもなります。

文字を読んで本から学ぶことが好きな人もいれば、人の話を聞いて耳から学ぶことが得意な人もいます。また、事前の情報なしに、まずは体験するのが好きな人もいれば、順序立てて勉強したいという人もいるのです。大学の先生方が読書をすすめるのは当たり前のことですが、すすめられた側が読書好きとは限りません。好きなものは人によって異なるからこそ、好きなことから始めるのが一番いいのです。

第4章

知力をさらに伸ばすために知っておくべき

12のトラップ

01 Trap 「やましき沈黙」と集団思考の罠

◎なぜ止められなかったのか

これまでほんものの知力を伸ばすためのヒントを紹介してきましたが、実は、一通りいろいろなことを学んだセミナー参加者からよく聞かれることがあります。「職場に戻ると、なかなか学んだことが使えない」という感想です。確かに、「聞いた」「読んだ」から「わかる」状態に移り、そして「できる」ステージに入るためには工夫が必要です。しかも、仕事の現場では様々な人と多種多様な課題が皆さんを待ち受けています。

そこで、この章では現実社会で「ほんものの知力」を実践するために気をつけておきたい12のトラップを紹介します。

トラップは罠とも訳されますが、罠と聞くと誰かが悪意を持って仕掛けてでもいるかのように聞こえるかもしれません。しかし、実際はむしろ逆で、意図しないうちに生じていたり、あるいは善意で行う行為が気づかないうちにトラップになってしまうことがよくあります。そして、それらはわれわれ自身の中にも潜んでいるのです。だからこそ、こうしたトラップの理解を深めることは大変有益なのです。

それでは最初のトラップです。

台湾とフィリピンとの間に、バシー海峡が横たわっています。その海峡だけで日本軍の兵士、数十万人が犠牲になっています。南方に向かう輸送船がことごとく魚雷に狙い撃ちにされ、船とともに沈められてしまったからです。バシー海峡での犠牲者を含めて、日本人の戦争犠牲者は311万人にのぼり、遺骨が見つからない犠牲者は100万人を超えています。

では、なぜそんな悲惨な戦争を始めてしまったのか。犠牲者が増える一方なのに、続けてしまったのか。そして、最後にはなぜ無謀な特攻という手段をとってしまったのか？　そんな疑問は誰もが持つのではないでしょうか。戦後から70年たっても、まだその全容は解明されず、責任の所在も明らかになっていません。

昨今、テレビ番組の質が劣化する中、テレビを見る人は減ってきています。私もその1人ですが、NHKのドキュメンタリーだけは見るようにしています。中には他局では追随できない調査に裏打ちされたものがあり、特に戦争に関する特集については、「掘り出しもの」があります。

2009年に放映された「日本海軍400時間の証言」もその一つです。この番組は、反響が高く、放映後その番組作成に至ったエピソードも含めて本として出版され、話題にもなりました。特攻を考え、指示した当時の軍の司令部、軍令部のメンバーが、戦争が終わってから35年後の1980年から1991年までの11年間にわたり反省会を行っていたのです。その回数は131回、1回あたり約3時間、つまり合計400時間にわたるテープが見つかったことがきっかけでした。

当事者たちの肉声が残っていたのです。「あなただって、あの（特攻を決めた）会議にいたじゃないですか！」「いや、言ったのは、私ではなく○○さんだ」というような生々しいやりとりが明らかになりました。

その中で、出席者の1人が当時を振り返りながら語ったことばが、私の心に刺さりました。「誰もがおかしいと思っていました。それでも、それに異議を唱えることができなかった。われわれは『やましき沈黙』に飲み込まれてしまったのです」

「やましき沈黙」は、現代も多くの組織に存在します。粉飾決済、リコール隠し、食品偽装、手抜き工事、データの改竄など、様々な不正事件が起きていますが、そうした企業では、やはり「やましき沈黙」がはびこっています。問題が明るみに出た途端に「なぜあんなバカなことを隠していたのだろうか? 無視できたのだろうか?」という声がわき起こるのです。

企業不正までいかなくても、事業環境がすっかり変わっているのに、過去の成功体験に縛られた経営トップを止められずに衰退する企業、あるいは、「勝ち目のない戦」と知りながらジリ貧になりつつも意思決定を先送りにして、最後は経営破綻となるケースなど枚挙にいとまがありません。先のNHKドキュメンタリーを作成したチームは、福島の原発事故についても特集番組を組み、その中で、「またもや、『やましき沈黙』が繰り返されてしまった」と述べていました。

◎集団思考の罠はすべての組織に潜んでいる

もう一つ危険なのは、集団思考の罠です。1986年に起きた7人の乗組員の命を奪ったスペースシャトル、チャレンジャーの事故が象徴的です。事故が起きた前日に固体燃料ロケットブースターの製造請負業者からＮＡＳＡに対して、ある部品の脆弱性について報告がなされ、それを受けてＮＡＳＡと製造請負業者が電話会議まで行ったにもかかわらず、議論されたにもかかわらず、結局は打ち上げが決定されたのです。この場合は、「沈黙」ではありませんでした。問題指摘があったにもかかわらず、集団思考の圧力によって、妥当な意思決定を行うための議論をすることができなくなってしまった事例です。

心理学者のアービン・ジャニスは集団思考の罠の兆候を次のように指摘しています。

1　集団の力に幻想を抱き、リスクを楽観視する。
2　集団のモラルは最初からあって当たり前という思いから、メンバーの意思決定について、モラルの側面を無視する傾向がある。
3　自分たちの前提に疑問を投げかけるような情報や警告を軽視するように、つじつま合わせを集団的に行う。
4　「敵」に対して、交渉するには邪悪であるとか、とりあうには相手が無能であるなどとステレオタイプ化する。

5 疑念を表明したり、反論することは意味がないという感覚を醸成させる。
6「満場一致」に対する幻想を抱く。
7 集団の行動に疑問を投げかけるメンバーに圧力をかけ、忠誠心の高いメンバーとは明白に違うことを示す。
8 集団の合意決定事項の効果やモラルについて自己満足を打破するような情報に対して抑え込んだり、検閲するメンバーがあらわれる。

セミナーでこの8項目を見てもらうと、不正事件を起こすほどではなくても、「うちにも当てはまる」という企業が少なくありません。

集団思考の罠を避けるためには、まず「どんな組織でもこの罠にかかる可能性があるのだ」という認識が必要です。組織の構成員全員がその認識を共有しなければなりません。そのためには、前述の8項目を、会議を始める時に参加者にシェアすることも効果的でしょう。そして、異議や異論を受け入れる土壌をつくらなければなりません。そのためには次に紹介するコンフリクトの理解も必要です。

COLUMN

ラジオを聞こう！

昨今、テレビ番組、特に昭和からの名残りが漂う地上波の劣化は目を覆うばかりです。本文でもふれていますが、私が唯一見ているのはＮＨＫでじっくりつくりこんだドキュメンタリー番組です。加えて、私の趣味でもあるのですが、「放送大学」の科目でおもしろそうだなと思った番組は録画撮りして、週末に家の掃除をしながら「倍速」で「聴いて」います。倍速で聴けばちょうどいいスピードです（失礼！）。他は衛星テレビやＣＳテレビのほうが、知的好奇心を刺激してくれるものがあります。

ということで、私のおすすめはラジオです。確かにネット情報も有益ですが、たまたまつけたラジオからおもしろいコメントが聴けるという偶有性は楽しいものがあります。外回りの営業をやっている人が、車の運転をしながらいろいろな情報を持っているということがあります。出演者も「ラジオのほうが本音で語りやすい」と言っていたこともあります。

私が１５年以上聞いているのは、TBS ラジオの「森本毅郎のスタンバイ」です。実は以前、この番組のプロデューサーの方に私の２日間の研修を受講頂いたことがあり、じっくり興味のある裏話をうかがう機会がありました。夜やっている荻上チキさんの番組も知力を鍛えるいい材料があります。

字幕をいちいち出しているテレビと違って、ラジオは音だけですから聞く側が能動的に聞かないと、それこそ漢字変換ができずに頭の中で？マークが浮かぶことになります。その意味で気軽にできる知力トレーニングでもあるわけです。今はネットでもいつでも聴取可能なので、ぜひラジオを聴くことをおすすめします。

02 Trap 対立回避の文化から脱却する

◎日本人と欧米人の差

コンフリクト（conflict）は対立・葛藤と訳されます。意見の衝突、対立のことです。

さて、皆さんは次の質問について賛成でしょうか？　あるいは反対でしょうか？

ほとんどの組織はコンフリクトがないほうが上手くいく。

「賛成」と答えた人の理由を聞いてみると、「摩擦は組織の中にないほうがいいのではないですか」「コンフリクトがあるとチームワークが乱れる」というような意見が出ます。

一方、「反対」の人は「コンフリクトを克服してこそ、組織は前進するのではないですか」「意見が違うのは当たり前で、コンフリクトがない状態というのは想像できない」というような見解が出ます。

どちらも、一理ある見解ではありますが、実は、この質問の答えには興味深い傾向があります。フランスのビジネススクール、INSEADでの調査によると、国によって大きく異なることがわかったのです。日本人の管理職の8割は賛成、つまり、「コンフリクトはないほうがいい」と考えているのに対して、アメリカ人の管理職者はたった6％しか賛成しておらず、94％はそんなことはないという立場をとっていたのです。フランス人は24％とアメリカ人よりは高いのですが、日本人よりもはるかに低い数字が出ています。

パソコンのプロセッサーで知られているインテルでは、constructive confrontation（建設的な対立）を同社の行動指針の一つとしています。つまり、意見の違いは当たり前、むしろそうしたコンフリクトから新しいアイデアが出たり、革新が可能となる、という文化を大事にしているのです。

インテルがシャープとフラッシュメモリーの共同開発を始めた時、シャープのエンジニア達は、上司であろうが誰であろうが遠慮なく議論を戦わせているインテルのエンジニアやスタッフを見て驚いていたほどです。

◎コンフリクトを処理して協業する

確かに、日本では「和を以て尊しとする」という価値観が残っているせいか、対立は歓迎されない傾向があります。また、「臭いものにはフタ」と言われるように、対立が存在していても、あたかもないようにふるまうことが「大人の対応」とされることもあります。

こうしたことが通用するのは均質性の高い社会であって、多様性の高い組織や社会では、異なる見解を持つことは当然です。日本の社会もこれからは多様性の度合いがさらに高まっていくでしょう。今後は日本人も対立を無視したり回避するのではなく、上手く処理しながら協業することが求められます。

先の調査は30年ほど前のものですが、私がこの20年の間、様々な企業での研修の中で管理職者に聞いてみると、興味深い傾向が浮き上がります。外資系企業で働いている日本人、海外赴任経験者など、外国人と実際に働いた体験を持つ人は、アメリカ人、フランス人の結果と同じように「コンフリクトはあって当然」というスタンスをとるのです。やはり、多様な他者にふれて見方が変わるわけです。

Trap 03

ディベートからダイアローグへ

◎「どちらが正しいのか？」

コンフリクトを上手く処理しながら、お互いに「ほんものの知力」を組織で活かすためにはどうしたらいいでしょうか。そこでおすすめしたいのがダイアローグです。

ダイアローグと似て非なるものがディベートです。ディベートは討論と訳され、論点を絞り込んで、基本的にどちらが正しいのか、より優れているのかを判断するものです。アメリカの大統領選挙では大統領候補者が「スーパーディベート」として競うことが知られています。視聴者がどちらの候補者が優勢だったと感じたか、という結果も放映されるので、毎回、注目を集めています。

日本でも、学校教育の中でディベートが取り入れられて久しくなります。「選挙権を持つ年齢を引き下げるべきか、否か」「原発推進に賛成か、反対か」というように、あるテーマを争点として、2項対立の構図をつくり、それで議論するものです。ディベートは効果的に行われると、論理的思考力、発言力、そして論拠や根拠によって自分の正当性を守りながら議論を展開していく練習として効果があります。

ところが、職場や取引先とディベートをやってしまうと、いたずらに対立を強化することになりかねません。自分の正当性を守ろうとするあまりに自己主張に終始したり、相手の発言の揚げ足取りが始まってしまうからです。これは先に述べたように、ディベートには「どちらが正しいのか?」という前提が隠れているからです。

◎勝者も敗者もないダイアローグ

そこで必要なのがダイアローグです。ダイアローグの目的はどちらが正しいかの優劣をつけることではなく、お互いの前提を共有しながら、共通理解を広め、新たな発見をつくり上げていくものです。そこには勝者もなく敗者もいません。

ディベートとダイアローグの違いを、コミュニケーション理論で有名な「ジョハリの窓」

で見てみましょう。ディベートでは、自分の盲点を防御し、相手の盲点を攻撃することに焦点が当てられます。したがって、審判がいる場合は自分の知識がいかに相手を上回っているかのアピールがなされます。

一方、ダイアローグは、知らないことについては積極的に相手からインプットを受け、相手の知らないことについては情報を共有していくことに主眼を置きます。お互いに知らなかったことについての「気づき」や「発見」を大事にするのです。それを繰り返すことで共通理解の最大化ができ、問題の全体像、その構造の多面的な見方が可能になります。ディベートの時に参加者が使う攻撃モードの発言は、ダイアローグでは聞かれません。かわりに「先ほど××という論点がありましたが、それにこだわる必要はなく、むしろ○○という発想ができますね」とか、「○○という前提で意見を述べましたが、その前提自体にバイアスがあるかもしれないですね。だとしたら……」という具合に相手の発言だけでなく、自分の発言に対しても俯瞰的に、そして柔軟に対応することができるのです。

今、世の中では、「どちらも一理ある」という性格を持つ問題のほうが圧倒的に多く存在します。

その意味でも、これからはディベートではなく、ダイアローグが必要なのです。

ディベートのスタンス

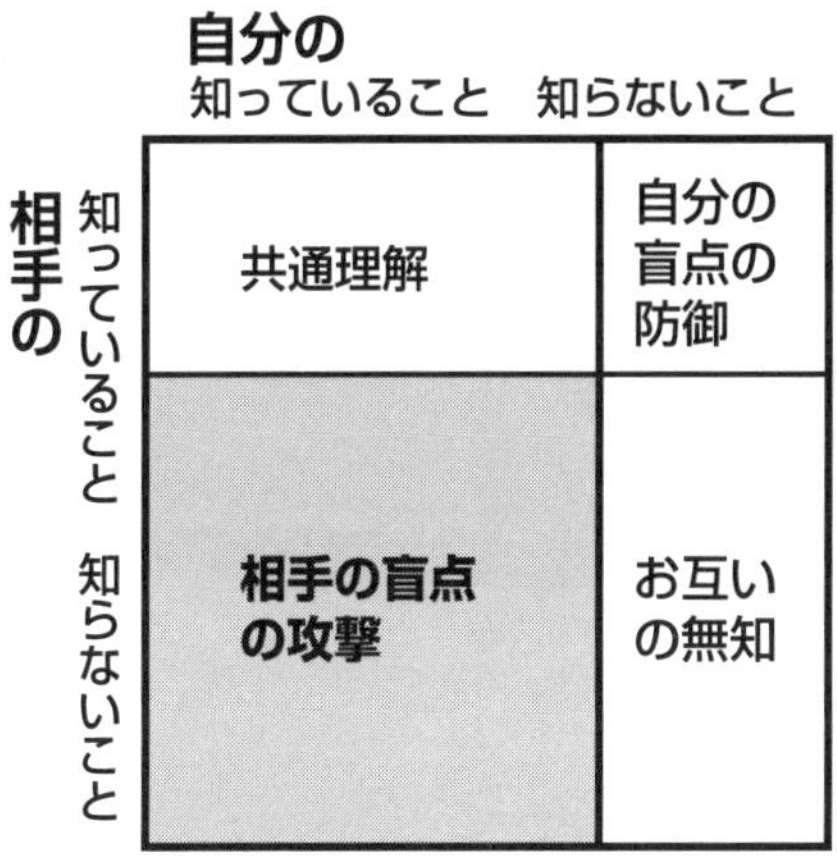

ダイアローグのスタンス

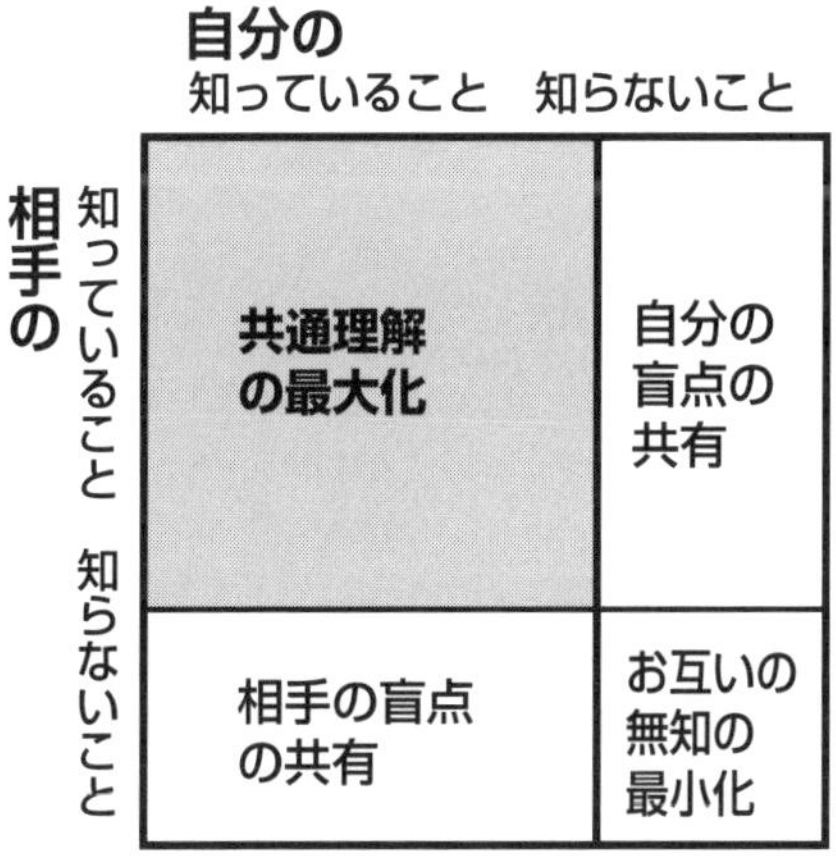

04 Trap 強弁にひるまず、詭弁にからみとられないように

◎いったんは受け止めてみる

さて、皆さんが「ほんものの知力」を活かして、ダイアローグをしようとしても、相手が対応してくれない、という悩みはつきません。例えば、次のようなことを言われたらどう反応しますか？


「そんな理屈をこねている暇があったら、お客のところに行ってこい！」

「あんたみたいな若造に何がわかるか！」

「10年早いんだよ！」

これらを強弁と言います。コミュニケーションはキャッチボールと言われますが、強弁は「ドッジボール」のようなものです。こんな言い方をされたら、こちら側は返すことばもなくしてしまうような「ボールの投げ方」なのです。

『詭弁論理学』を書かれた野崎昭弘氏によると、「詭弁」が詐欺や窃盗に当たるとすれば、「強弁」は強盗になるとされています。

ある程度の論理を使いながら相手を煙に巻いてしまう強盗のような相手の強弁に対して、こちらも強弁で返しては、それこそドッジボール状態になってしまいます。例えば、技術者が営業マンに「技術のわからない連中にとやかく言われたくない！」と言い、営業マンが技術者に「だからモノを売ったことのない人間はダメなんだ！」と返すような会話です。

コミュニケーションの基本としては、いったんは受け止めてみることが必要です。受け止めてから、相手の勢いに気おくれしないで、あるいは逃げないで対話を進めることです。確かに、いきなり、しかも大声で相手が強弁を投げてくると、ビクッとすることもあるでしょう。でも、考えてみれば命を取られるわけでもありませんし、多くの場合、強弁が出るほうには強いこだわりや思い入れがあるものです。ひるまずに、そのこだわりや思い入れを受け止めるところからコミュニケーションが始まります。

例えば、「確かに門外漢が差し出がましいかもしれませんが、ただ何とかこの問題を一緒に解決したいので、教えてほしいのです」というように、目的を再確認しながら協力依頼をすることも効果的です。相手がドッジボールで投げてきても、こちらはキャッチボールを誠心誠意続けていくわけです。

◎詭弁の六つの代表例

強弁が勢いや語調で押してくるのに対して、詭弁は一見、論理的な話のように聞こえているのに、後で振り返ってみれば腑に落ちない、しっくりこないというたぐいの話法でからめとられてしまうものです。以下、代表的なところを押さえておきましょう。

1 発言の極論を持ち出して、たたく。

相手の意見を勝手に引っぱってそれをたたくことによって、相手の発言の妥当性を否定するものです。例えば、論理的な考え方が大事だと言っている時に、「何でもかんでも論理でガチガチにして、自由な発想ができなくなったらどうするんですか?」という具合です。この場合は、「そこまで言いましたっけ?」というように、極論を排除すればよいのです。

2 「その可能性はゼロとは言えないだろう」「それが起きると100%言えるでしょうか?」というように、0%、100%を持ち出して、相手の質問をはぐらかしたり、自分の突飛な意見を擁護する。

「可能性はゼロですか?」と相手から迫られると、ついつい「はい」と言いやすいものです。それを利用して、こちらからの質問をはぐらかしてみたり、自分の突飛な意見や極論を擁護する人がいます。例えば、先の「論理でガチガチにして、自由な発想ができなくなったらどうするんですか?」という発言者に、「それはちょっと極論じゃないですか?」と言ったとしましょう。すると「じゃあ、その可能性はゼロと言えるのか?」と反論してくるパターンです。この場合は、「確かに可能性はゼロとは言えませんが、妥当性はどこにあるのでしょうか?」と話の筋道を戻すことが効果的です。

3 論旨に関係なく「本末転倒」「手段の目的化」「レベルが違う」などの常套句を使って相手の発言を陳腐化する。

話の展開が本当に「本末転倒」になっていたり、「手段の目的化」が起きている時にこうしたことばを使うのならよいのですが、そうではないのに、こうした常套句を使うのも詭弁の一種です。国会中継やテレビの討論番組を見ているとよく出てくるので、反面教師として参考になります。レベルが合っているのに、「レベルが違う」の一点張りで相手の発言を突っぱねる人もいます。対策としては、「『本末転倒』と言われましたが、どの部分でしょうか?」とか「本当にレベルが違っていますか?」と確認することです。

4 「本当の○○とはそんなもんじゃない」「□□とはいかがなものか?」というような論拠を示さない反論を繰り返す。

これもよく聞かれるものです。ポイントは論拠が示されていないことで、多くは感覚的な反論です。感覚的な反論なので、噛み合う議論はできません。遠慮なく論拠や根拠を聞いてみることにしましょう。

5 必要以上に専門用語、英語の略語などを使って煙に巻く。

思考を明確にするためには、ことばを明確にするということをこれまで述べてきました。しかし、我々の知らないことは無限に存在します。部署の違い、業界の違い、そして専門分野の違いによって、使うことばも変わってきます。

初めて聞く言葉に頭の中で「?」マークが浮かぶのは当然のことです。ところが、相手が知らないのをいいことに、自分の意見を押し通す人がいます。

そんな時には「すみません。素人にわかるようにお願いできますか？」と訊ねたり、「専門分野が違うのでわかりませんが、譬《たと》えてみるとどういうことでしょうか？」とメタファーを求めるのも効果的です。

6 トートロジーを繰り返すだけで、議論が進まない。

トートロジーとは恒真命題と訳されます。文字通り、はずれがないことで、「これから雨が降るかもしれないし、降らないかもしれない」というものです。「このプロジェクトを実行するリスクもあるし、リターンもある」というのは会議の時もよく聞かれるものです。もちろん、極論を押さえる効果もあるので、使ってはいけないということではありません。しかし、トートロジーを延々と繰り返すだけでは議論が進みません。論点は何か、優先順位は？　と訊ねて、議論を絞り込むことが必要です。

さて、こうして見てみると、我々の周りには強弁や詭弁が溢れていると言っても過言ではありません。また、気をつけないと、我々もつい使っていることもあります。まずは自覚を持って、そして普段の会話から修正していきましょう。

05
Trap

確証バイアスの罠に落ちない

◎人は信じたがることを見る傾向がある

学校で習った英語の熟語の一つに、Seeing is believing というものがあります。意味は「百聞は一見にしかず」だと教わっていたのですが、直訳してみると「見ることは信じること」となります。実は、この反対の表現もあります。Believing is seeing.「信じることは見ること」、つまり「人は信じたいことを見る傾向がある」という意味です。

この傾向が強くなると、我々は自分の信じている情報を取りたがり、その反対の情報は排除しようという「確証バイアス」を生むことになります。認知科学でよく知られているトラップで、先入観に基づいた情報収集と解釈によって、先入観をさらに強めてしまいます。

前述したNASAのスペースシャトルの事故の例で、固体燃料のブースターの問題を指摘していた協力会社からの情報が届かなかったケースにも、打ち上げを実行しようという側の確証バイアスが見られます。また、福島第一原子力発電所と同じタイプの原発は、アメリカでその危険性が幾度となく指摘されていたにもかかわらず、その声は矮小化され、最後は無視されていました。これも確証バイアスのなせる業といっていいでしょう。

ビジネスの現場でも、確証バイアスの罠は至るところに潜んでいます。特に職位から派生する力関係の差があって、上長が確証バイアスにとらわれている場合はかなりやっかいなことになります。

「Devil's advocate」（悪魔のささやき）ということばがあります。これは議論をしている時に、「あえて反対意見を言ってみる」ということです。特に会議の参加者が同じ方向に向かって話を進めて、あまり検証することなく合意に至りそうになった時などは、「ちょっとここで、悪魔のささやきをしようじゃないか」と切り出すことが効果的なのです。

欧米では学校教育からこの訓練がありますが、日本ではまだ浸透していません。これに加えてコンフリクト回避の土壌もあると、確かに確証バイアスを持った人が突っ走りやすいのかもしれません。

確証バイアスの罠に落ちないためには、まず反対の立場の事実、データ、情報を取り上げることです。また、その情報がもたらす意味合い、つまり「この情報を無視するとどういうことになるのか」というシナリオを共有することが欠かせません。

データや情報の提示だけでは、相手が解釈できない、納得できない、もしくはしようとしないことがあります。したがって、その意味合いや結果を誰もが理解できるところまで諦めずに行うことです。

06 Trap

自己肥大をできるだけ遠ざける

◎承認欲求が強すぎると

自身を振り返った時に、次のことばの中で、どれが最も「嫌だ」と思いますか？

自己欺瞞　自己満足　自己陶酔　自己肥大

おそらく、どれも嫌だ、ということになるかもしれません。同時に自分の中にこれらを持っている、存在している、という自覚もあることでしょう。人間は、自分の中での一貫性を保ちたいと思うので、自己欺瞞は嫌なものです。自己満足や自己陶酔が強いと成長できませんし、進歩がありません。自己肥大は、自分を見失い、自己一致の対極にあります。

今から14年前の本の中に、「ふやけた思考とむき出しの感情に動かされる人が増えれば、これからますます日本は住みにくくなるのは目に見えているだろう」と書きました。残念ながら、その傾向が日本どころか世界レベルでも強くなってしまったのではないでしょうか。

その原因の一つには、人々の承認欲求が強すぎて自己肥大を起こしてしまっていることにあると見ています。子どもは親からの承認が必要です。成長するにつれて、教師や友人に「認めてもらう」ことは確かに重要な要素です。また、仕事を進めていく上でも、上司、同僚、あるいは社会からの評価は重要なことでしょう。

ただし、「承認してもらうこと」が自己目的化すると問題です。ネット社会では誰もが情報発信でき、誰もが情報の編集者になれるので、承認欲求を助長してしまう側面もあります。以前、同じ業界にいる知人が「とにかく、言ったもん勝ち、書いたもん勝ちですよ」と断言しているのを聞いて、違和感を覚えました。お客様に認知いただくことは重要なことですが、それ自体が目的になってはまさに本末転倒なのです。

自己肥大の対極は自己一致であると述べましたが、自己一致とは言い換えれば、あるがままの自分であり、等身大でいることです。もちろん、成長を諦めることではありません。「勝って兜の緒をしめよ」「ちやほやされ始めたら、足元を見よ」ということが、やはり重要です。

◎ヴァン・ゴッホ症候群

自己肥大の罠に落ちていないかどうかを、最も効果的にチェックするためにおすすめしたいのは、「本音でフィードバックを伝えてくれる仲間」を持つことです。職場にいなければ職場以外で、あるいは古いつき合いの友人でアドバイスを伝えてくれる人はきっといるでしょう。それでもいない！　と言う人は、勉強会などに参加してそうした仲間をつくっていくことです。

ところで「ヴァン・ゴッホ症候群」というものを聞いたことがありますか？　次のような考え方です。

ヴァン・ゴッホは貧しく、彼が生きている間は評価されていなかった。

しかし、彼がこの世を去ってから評価された。

私も貧しく、社会から評価されていない。

ゆえに私もいつか評価されるだろう。


文字で見ると、いかにも勝手な論法です。飲み会の時に、冗談半分、本気半分でこのようなことを言う人もいます。恐らく、芸術家に限らず様々な職業で、口には出さないけれども「ヴァン・ゴッホ症候群」にとらわれている人がいるのではないでしょうか。

人間は誰1人として同じ人はいません。その意味で我々は特別な存在です。

ただし、過度の承認欲求があると、「俺様は特別である」などと、自己肥大を引き起こしてしまいがちです。自己肥大と「ほんものの知力」はかけ離れたところにあることを知ってください。

07 Trap ルサンチマンをコントロールする

◎ルサンチマンのマグマ

私がお世話になった方の1人にIさんという人がいます。彼は戦争で父親を亡くし、母子家庭で育ちました。腕っぷしが強く、高校生の時は「番長」だったそうです。正義感も強いので、彼の喧嘩は常に弱い者いじめをしている連中が相手だったようです。

ある日、Iさんは親が「その筋」であるという高校生をとっちめてしまいました。もちろん、そんなことは知らずにです。

すると、Iさんはその高校生から呼び出しをくらい、彼の家に行きました。「その筋」の人達がIさんをとりかこみ、Iさんにやられた高校生がIさんに対して自由に暴力をふるったのです。Ｉさんは抵抗できませんから。

その日、Ｉさんは「絶対に強くなって、復讐をしてやる」と誓い、上京してある大学で空手部に入部しました。４年間、徹底的に自らを鍛え、その流派では一目置かれる存在になっていました。卒業したＩさんは郷土に戻り、例の高校生たちに会いました。

会ったその瞬間、「自分が復讐してやろうと思っていた人間はこんなに小さく、弱い存在なのか！」と思ったとのことでした。むろん、いざこざは起きませんでした。

Ｉさんを４年間突き動かしたのはルサンチマンのマグマです。

ルサンチマンは、広辞苑によると「弱者が強者に対する憎悪や復讐心を鬱積させていること」という定義ですが、これだけでは私はピンときませんでした。フランス語で、ル・センチメンタルです。センチメンタルと言われると何となく想像がつきますが、私自身は永井均氏の『ルサンチマンの哲学』を読んで合点がいきました。同書によると「現実の行為によって反撃することが不可能な時、想像上の復讐によってその埋め合わせをしようとする者が心に抱き続ける反復感情のこと」とありました。Ｉさんの事例でも「反復感情」があらわれているのです。何度も繰り返される感情の動きです。

別の事例をあげましょう。

◎自分のルサンチマンを点検する

先日、中学の同窓会に出たのですが、久しぶりに会ったクラスメートと当時の先生たちの話題になった時です。そのクラスメートはある先生に対して怒りの感情を持っていました。聞けば、その教師が思想的に偏ったことを授業中に押しつけていたとのことです。その先生はすでに他界していましたが、彼は当時を思い出しながら熱く語っていました。私はその時、彼が抱いているその先生に対するルサンチマンを見たのです。

そんなことがあったのなら私も思い出せるはずと思ったのですが、なぜかその先生のその部分は全く覚えていなかったのです。

その一方で、その先生が、言うことを聞かない生徒をかなり激しくひっぱたいていた場面は脳裡に焼きついていました。何もあそこまでやらなくても、という感情は私の中に残っていました。今だったら、確実にPTAで問題になったことでしょう。

つまり、同じ学校に学び、共通の体験を持っていても、人の受け止め方は千差万別であり、何を記憶するかというのも人それぞれです。そして、そうした記憶から派生するルサンチマンもその度合いも、人によって異なるのです。ルサンチマンのマグマが冷えている人もいれば、その熱量を失わない人もいるということです。

この種のことは、政治家や芸能人のスキャンダルでも見られます。特に最近は、トラブルを引き起こした、あるいはトラブルに見舞われた政治家や芸能人を「血祭りにあげたい」という空気が漂う記者会見が増えてきたと思うのは私だけではないでしょう。特に、どう見てもその本人に落ち度があった、ということがわかった後で、鬱積したルサンチマンのマグマを放出するような場面が見られます。

職場でも、「どうしても、不愉快な上司」や「気に障る同僚」は誰にでもいるものです。受け流せない、あるいはやり過ごせないこともあるでしょう。

そんな時には、自分の持っているルサンチマンを点検してみることも大変役立ちます。自分で激高してしまう対象や相手に共通している要素はないだろうか？　どのような感情、価値観が反復感情として自分の中にあらわれるのだろうか？　と考えてみるのは、自分自身をより深く知ることにつながります。

自分のルサンチマンを否定する必要も悪く思う必要もありません。程度の差こそあれ、誰もが持っているのですから。ただ、あまりにルサンチマンのマグマにとらわれてしまうと自分自身が見えなくなったり、本当の目的から逸脱してしまいます。自分のルサンチマンのチェックも知力の実践です。

08
Trap
イナーシャを変革する

◎変革を阻む慣性の力

自分を知り、自分の所属する組織や社会に対する理解を深めたいという心の動きは、我々が持っている知的欲求の基本です。ここから、少し組織を理解するために有益ないくつかの鍵を紹介します。

物理で使われるイナーシャということばがあります。慣性と訳されますが、組織行動のことばでも使われます。それまで組織が培ってきた企業文化、企業風土によって組織のイナーシャが存在し、それをいかに変えるかということが企業変革の鍵となります。

一般的に、歴史が長くなればなるほど、そして組織の構成員が多くなればなるほど、イナーシャの力は強くなります。成功体験を積んで、しかもその成功体験の原体験を持った人が組織をつくり、目に見えにくい暗黙の了解、モノの見方、価値観をつくっていきます。

もちろん、外部の環境が過去の延長線上で変わっていく限りにおいてはイナーシャは上手く働き、企業文化をどんどん強化していきます。ところが外部環境が非連続的に変わっていく場合、企業は舵を切って方向を変えなければなりません。その時に、まさに慣性の力が働いて変革を阻んでしまいます。

私が最初に働いた会社、東芝は粉飾決算と巨額の欠損で大変な状況になってしまいましたが、その根底にはまさに過去の成功体験から生まれたイナーシャの強大な力があります。東芝だけではなく、多くの日本企業が未だに「多異変な時代」に対応できずに、変革に苦労しています。それだけ、長い間続いた高度成長期の原体験は強いものがあります。皆さんがそうした企業の中で働いていると、自分の知力を伸ばしたり、発揮しようとしても阻まれ、フラストレーションを感じることでしょう。

◎危機意識の共有

そうした状況を打開するためには、現状を打破できるリーダーの存在が欠かせません。

置かれた状況から、構造的な原因をあぶり出すことも必要です。そして、イナーシャに対抗する力として、危機意識の醸成とその共有が鍵になります。

危機意識の醸成と共有のためにも、経営上の重大な出来事はきちんと組織内で共有しなければなりません。幸い情報開示は以前よりもしやすくなってきていますし、既得権者が情報を抑え込もうとしても、逆効果になってしまうケースが数多くあります。

よく、「わが社には危機意識が足らない」ということばを聞きますが、先にもふれてきたように、確証バイアスによって排除されていないか、集団思考の罠にとらわれていないだろうか、という具合に、多面的にチェックすることが肝要です。

「情報は力なり」というのは古くからの箴言ですが、企業変革を実現する上でも第一歩なのです。

09 Trap

システム思考を身につける

◎対症療法の罠

問題解決の基本として、現象と原因を識別することは欠かせません。先に紹介したように、「なぜ？」を繰り返して根本的な原因を探っていくことが重要です。それにもかかわらず、われわれは見えている現象の部分に飛びつき、そして対策を講じるといういわゆる「対症療法の罠」に陥りやすいことも事実です。

例えば、利益低下が起きたとします。この現象に対して、最もありがちな対策はコストカットです。コストカットを行うと、利益低下には歯止めがかかります。ところがコストカットによって派生しやすい課題には、品質低下、サービス低下、あるいは従業員のモチベーション低下も起こり得ます。すると、次第に顧客離れが起き、売上げも低下していきます。売上げが低下してくると、歯止めがかかったはずの利益低下という現象が再発し、しかもこの時は当初の利益低下よりも深刻な事態を引き起こしてしまう、という結果になってしまうのです。

こうした対症療法の罠を避けるためには、二つのことが必要です。まず、先に述べたように根本的な原因は何かを見極めることです。利益低下の原因は、製品競争力の低下なのか、市場の縮小なのか、あるいは生産効率の低下なのか、外部要因なのか、という具合に、多面的に探っていく必要があります。

◎時間の経過とともに動く全体を見る

次に必要なのがシステム思考です。つまり、時間の経過とともに動いていく全体像を検証していく思考方法です。237ページの図で言えば、サイクルの下の部分の存在をモニターすることです。

我々は行動をとって、その結果を検証しながら学ぶことができます。しかし、その行動から結果が出るまでの時間がかかればかかるほど、そして物理的に離れていれば離れているほど、学びにくくなるのです。システム思考では、実際のビジネスでは、我々がこの学びにくい環境にいることを前提に、システム全体に着目します。

特に、行動と結果のフィードバック・ループを検証することが重要です。その際には、時間的なズレに注意する必要があります。

一つ例をあげると、普段使いなれていないシャワーに入った時の事例です。海外のホテルでよく経験することですが、お湯の温度の調節が上手くいかないことがあります。なかなか熱くならないので、熱いほうへ回すと急に熱湯が出てきてしまう。あわてて調節する栓を冷たいほうへ回すと今度は冷水が出てきてシャワー室から飛び出してしまうという経験です。

この原因は、栓を回した時と、実際にお湯が期待している温度になる時間的なズレにあります。言い換えると、そのズレを認識していないので、お湯を回している循環システムに対応できていないということです。

このように、目に見えている部分と背後にあるシステムを考慮することが、問題解決には欠かせません。そうでないと、対症療法の罠にとらわれてしまうことがあるのです。目に見えるところに飛びつくのではなく、見えにくいところをしっかりと見る訓練が必要です。

「見えていないこと」をモニターする

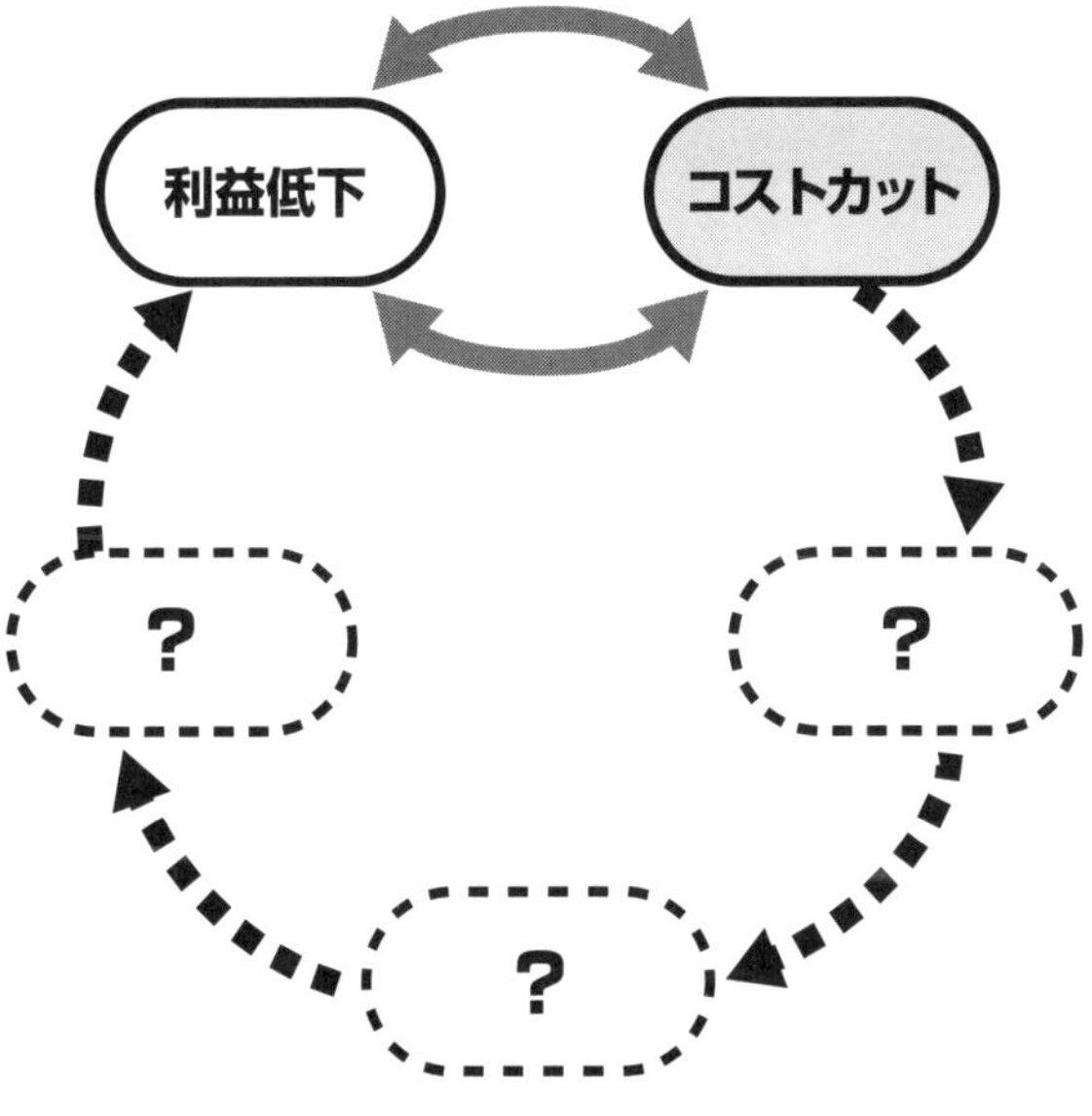

10 Trap 部分と、全体のトラップ

◎システム全体が瓦解する時

システムということばが、電気および電子回路にだけではなく、広く経済、社会の分野にも使われて久しくなります。そのきっかけは1950年代に生物学者のフォン・ベルタランフィ達が著した「一般システム理論」によるもので、その後多くの分野に影響を残しています。

先に、ものごとの理解のためには、まず分けることが大事であると述べました。これはデカルトまで遡る要素還元主義で、ものごとをまず分解、分析しようという立場です。これに対してベルタランフィは、システムを構成している各要素がそれぞれお互いに作用し

ていることを重視し、要素還元主義のアンチテーゼを唱えます。還元された要素をいくら集めても当初のシステムにはならないという事実であり、生物にはそのことがあてはまります。

さて、こうした理論が我々の身近な問題をよく説明してくれることがあります。1998年前後の金融システムの破綻がそうでした。

30代後半の読者なら学生時代の記憶が、40代の読者なら社会人として脅威を感じていた人もいるはずです。山一証券、日本長期信用銀行、日本債券銀行、そして北海道拓殖銀行と相次いで経営破綻を迎えた頃です。

当時は、「システミック・リスク」ということばがかなりメディアに登場していました。システマチックと言えば「体系的」の訳ですが、「システミック」というのは「システム全体の」という意味があります。つまり、一つの金融機関の問題ではなく、金融機関全体に影響するリスクだったのです。

破綻する直前に北海道拓殖銀行に勤務していた友人がいるのですが、彼が入行したのはバブルの時です。その10年後、北海道を代表する銀行が破綻することになるとは誰も想像していなかったと言っていました。

◎部分と全体の両方を見る

もう一つの事例を紹介します。病院で診断してもらった後に薬局で処方薬を受け取る時に、「ジェネリックでもいい」という欄にチェックしたことがありませんか？　ジェネリック医薬品は特許が切れた医薬品を他社が製造したもので、当初の開発コストをかけた新薬とは違い、安価で購入でき、膨れ上がった医療費の抑制に効果があるとされています。

ところが、これは特許が切れてしまう製薬会社から見たら、大変な脅威です。というのは、それまで主力製品として売ってきたものが、急に安価で効果が同等の製品との競争にさらされるからです。「パテント・クリフ」（クリフは崖、パテントが切れることによって、急激に売上げが下がること）ということばは、この10年間でかなり浸透してきました。

融資案件の審査を一つひとつ行うのと同時に、金融システム全体を俯瞰する。臨床試験の一つひとつを精査するのと同時に、自社製品全体の開発工程と競合他社動向を見極める。そのように、部分と全体の両方を見る視点が必要なのです。

「部分」と「全体」という、一見相反する立場のどちらへも視点を向けることができることが「第一級の知性」の要件です。「知力」を磨いて、ヤジロベーの腕を伸ばして問題解決に当たることが、よりいっそう求められてきています。

11 Trap

現場軽視の罠

◎スキルバブルの結果

「失われた10年」あるいは「失われた20年」という言葉が目につきだした2000年代、私は「スキルバブル」が起きていたと考えています。ファイブフォース（参入障壁、代替品の可能性、調達先、顧客、そして競合状況の五つの要素の力関係を分析するフレーム）、バリューチェーン（調達、開発、製造、マーケティング、物流、販売、サービスという一連の流れの中でどこに付加価値をつけているかを見るフレーム）、DCF法（ディスカウンティド・キャッシュ・フロー。投資評価の手法）など様々な経営分析のツールや手法が広く紹介されました。加えて、これらのツールや手法を使いこなすスキル教育が企業の中で実施されてきました。

もちろん、ビジネス環境はより複雑になり、競争が厳しくなってくる中で、こうした手法やスキルが必要な場合もあります。それまでの経験則の延長に成長が約束されていないのであれば、様々な角度からゼロベースで分析することが求められるからです。私もそうした企業研修を行ってきた1人です。

ただ、使う側にきちんと伝わっていたのだろうか、内容が伴っていたのだろうか、という疑念が残ります。加えて、次第にバズワードだけが1人歩きをしてスキルブームがスキルバブルになってきたのではと見ています。バブルになると、仕事の実態を離れて、とんでもない問題を引き起こすことがあります。

例えばアウトソーシングという手法です。一つ事例を紹介します。ある外資系の保険会社です。

米国本社の意向を受けたコンサルティング会社が、ある業務のアウトソーシングを提案しました。人件費も含めてその業務にかかっていた金額は年間約5億円でした。日本に駐在している米国人役員は、現場の責任者の反対を押し切って、その業務をアウトソーシングすることに決定しました。

アウトソーシング先の企業は当初4億円でその業務を受けたのですが、いざその業務をやってみると予想以上に業務は煩雑で、要求された質を維持することも困難となっていました。初年度は乗り切ったのですが、2年目からは契約金額を大幅に引き上げ9億円を提案したのです。業務が滞るのを恐れたその保険会社はそれに合意し、その結果、アウトソーシングする前と比べて倍近くの費用を負担することになってしまいました。

この事例の根底にあるのが、現場軽視の風潮です。日本に赴任してきた米国人もコンサルタントも、アウトソーシングした業務の現場理解が足りなかったことは否めません。「しょせん、米国本社が言ってきたことだから従わざるを得ないだろう」という意識も日本側にはあったことでしょう。それにしても、もう少しやりようがあったのではないだろうか、という思いが残ります。

◎重要な「五ゲン」主義

ホンダは三現主義、つまり現場、現物、現実でよく知られています。日本企業の強みは現場にあり、そう長いこと言われてきました。かつては新人教育の多くの時間は現場教育に使われていました。メーカーでは、つくる現場と売る現場、つまり工場実習と販売実習にかなりの時間を費やしていました。例えば、私の場合は入社時に工場実習が1週間、販売実習は町の電気屋さんで2カ月半「丁稚奉公」を経験し、配属後に追加の工場実習を1カ月経験しました。銀行勤務の新人は口座開設の訪問販売を経験し、自動車メーカーでは工場実習に加えて、ディーラーの店頭で勤務するというものです。

もちろん、こうした現場教育にどれほどの効果があるのだろうか、と疑問視する向きもありました。加えて、バブル期の大量採用時期では、人数が多すぎるので制限されたという背景もありました。次第に現場教育は減ってきたのです。

私は何もノスタルジーで現場教育の復活を提唱するのではありません。また、現場の制約条件にとらわれていては、イノベーションを起こすことも難しいのは事実です。

ただ、昨今、あまりに現場の理解、教育不足から生まれる初歩的なミスや事故が増えているのではないでしょうか。もちろん、すべての現場を経験するというのは不可能ですが、現場教育はそれまで自分の知らなかった世界を実体験として教えてくれるというメリットがあります。公式な教育機会が得られなくても、自分で様々な現場に行ってみて、そこにいる人から話を聞くだけでも役立ちます。現場、現物、現実の三つと原理・原則を合わせて、五つの「ゲン」。そのどれもが重要な要素なのです。

12
Trap

「人生の踊り場」での考え方

◎人はなぜ学ばないのか

「知力」の育成を阻むトラップの最後として、「人生の踊り場」について考えてみたいと思います。

「大人はどう学ぶのだろう？」「子どもの学び方とはどう違うのだろう？　その特徴は？」こうしたテーマについて論じられてきたのが「アダルト・ラーニング・セオリー」（成人学習理論）です。ひと言で言えば、自立した大人は、教師に依存して学ぶ子どもとは違うわけで、教科書ではなく経験から学び、授業ではなく間接的、非公式に学ぶことができる、という考え方です。

その一方で、大人は自立している＝自由度があるゆえに、自分が学ぶことについてどのように関与し、どんな必要性があるのか、ということが動機づけに大きく影響する、ということも、成人学習理論でよく取り上げられています。

実はこのことは、社会人教育の現場を見てきた私の悩みでもあります。つまり、企業側が本人のキャリアなり職場での課題解決のために教育機会を用意していても、本人はその気がないという場合があるのです。

緊急に入った仕事や家庭の状況で、とてもではないけれど研修に集中できないという人もいますが、私が気になるのは「学ばないことが習慣化している人達」です。

新たな知識を取り入れること、自分とは異なる知識や経験を持っている人から話を聞くこと、自分を率直に振り返ることをしなくなってから久しくなるという参加者に出会うことがあります。彼等、彼女達に何とか、「学びなおす」ことに気づいてもらうのが私の仕事でもあるのですが、決して容易なことではありません。

つまり、社会人として学ぶ人、学び続ける人も確かにいるのですが、「人はなぜ学ばないのか?」というのは私の追求しているテーマの一つです。そんな中で、ジャック・メジローという教育学者が書いた本『おとなの学びと変容』に出会いました。その本に大変参考になるところがあったので、紹介します。

心理学者たちは、自律をめぐる危機への移行、つまりパースペクティブ変容へと移行するのは、三十五歳から五十五歳のあいだで生じ、その期間は五年から二十年におよぶと主張してきた。多くの人びとはこの危機をうまく乗り切ることができず、成人期を融通性のない、高度に防衛的な思考パターンのまま迎えることになってしまうという。

メジローのこの文章をかいつまんで言うと、次のようになります。

大人は本来自立し、自律もしているのですが、人生を安定したまま成長していくとは限りません。むしろ反対で、ミッドライフ・クライシスという言葉がある通り、様々な「危機」に遭遇します。まさに、人生には山あり、谷ありです。言い換えると、それは「人生の踊り場」でもあるのです。「自分の人生、このままでいいのだろうか?」と考えるのは踊り場では当然の行為で、その「踊り場」は、早い人で35歳、遅くとも55歳には訪れます。

35歳という年齢を考えてみれば、社会に出て十数年、仕事にも慣れているだけではなく後輩の面倒も見る立派な中堅社員です。この年齢で40代や50代の先輩を見ていれば、「この会社で今後どうしようか?」とキャリアについて考えたり、あるいは転職しようかと考えることになります。結婚したり、子どもができたりと私生活での変化もあるでしょう。

もちろん、みんながみんな35歳で悩むわけでもないので、中にはそのまま50代半ばまで突き進み、55歳で「踊り場」を迎える人もいます。個人差はいろいろありますが、こうした「人生の踊り場」は、次の成長カーブを描く上で必要な自分のパースペクティブ(もののごとの見方そのもの)を変えるチャンスの場でもあります。

しかし、それができるかというと、決して容易なことではありません。この「踊り場」で問題意識を持ってから、短い人で5年、長い人は20年ぐらい、この時期を乗り越えるために必要だ、ということです。この時期を上手く乗り切れないと、視野の狭い、融通のきかない人間になってしまうのです。

その原因は「高度に防衛的な思考パターン」にあります。先に紹介した「成人学習理論」で大人の学習は自分が学ぶ動機づけが鍵であると述べましたが、反対に、学ばない言い訳も上手くなってしまうのです。歳をとればとるほど、自分の見方にこだわり、行動を変えない、ということが一般的に言われていますが、それが「融通のきかない、高度に防衛的な思考パターン」によるものなのです。
こうしたことを、メジローは言っています。

◎開かれていること

大人が見方を変え、学び続けるのは決して容易ではないことが確認できたと思います。しかし、諦めることはありません。メジローは、変わるためにどうしたらいいかについても述べています。

> 視野を包括的、統合的にするだけではない。別の視野に対しても浸透性があり（開かれており）、その結果、包括性や理解、統合性が継続的に増加していくのである。自分が学び、変わり続けるプロセスの各局面で意思決定を行うことを意味している。

ここも補足します。まず、ものごとの見方を多面的にいろいろな角度から見ることが必要です。しかも、その見方は支離滅裂ではダメで、まとまりがなければなりません。「統合性」というのはその意味です。そして、自分が慣れ親しんでいない、別の視野に対してもオープンであることが求められます。これは、これまで述べてきたように、「垣根を越える」こと、多面的に深く考えることにも通じます。

そうすると、多面的な見方や理解、一体感がどんどん増えていきます。そのプロセスの各局面で絶えず意思決定を行う、というのが鍵なのです。些細であっても、行動に結びつくことが本来の意思決定です。例えば、分野の違う人に率先して話しかけてみる、質問をしてみる、会議の時に「やましき沈黙」を変えてみる、相手の反論を遮らずに最後まで聞いてみる、これらの行動ができるか否かはすべて皆さんの意思決定によるものなのです。

これが、メジローの言っていることの意味です。

最近、「マインドフル」ということばが広まってきました。瞑想法や武道の修行では古くから言われてきたことです。厳密に言うとパーリ語・サンスクリット語の「念、記憶、注意深さ」という意味があると言われています。つまり、ありとあらゆることに目と耳と心を開いて、感じ取り、同時にそれらを受けて自分の意識の中で起きている現象も自覚することです。アブセント・マインドと言えば、「心、ここにあらず」という状態です。その真逆がマインドフルの状態です。

何歳になっても、ワクワク、ドキドキするような体験を重ねることが脳を活性化するために重要であると言われています。ロラン・バルトは「知性とは驚くことなり」との箴言を残しています。「当たり前」だと決めつけていると驚きもなく、知的好奇心は働きません。また、「人生の踊り場」では誰もが悶々とするようだ、と理解できれば、そんなに悩むこともなくなるでしょう。「高度に防衛的な思考パターン」にとらわれそうになったらそれを自覚し、また前に進んでいけばいいのです。

1人で考えていて、迷っているのならば相談相手に聞けばいいですし、相談相手がいなければ探せばいいのです。その際には、デジタルのネットとアナログ的なネットワークの両方を使うといいでしょう。

いずれにしても、別の視野に対して開かれていること、オープンであることが鍵です。ほんものの知力を伸ばす材料は皆さんの周りにいくらでもあり、そのチャンスはいつでも利用できるのです。

おわりに

グーグル・スカラーはあらゆる分野の論文検索に役立ちますが、アクセスすると「巨人の肩の上に立つ」と書いてあります。先日、ある企業研修で雑談をしていたら「あの表現、なんか偉そうですね！」と言った人がいました。それを聞いて、驚きました。もとの意味は全く違うニュアンスだからです。

アイザック・ニュートンが引用したことで有名なこのことばは、もともと12世紀の哲学者、シャルトルのベルナールの文章からです。彼は、「我々が先人たちよりも、遠くまで見ることができるのは、我々がそれまでの偉大な先駆者たちの肩の上に乗っているからである。つまり、巨人の肩に立つ小人にすぎない」という趣旨を述べています。

先の研修参加者のような誤解を生んでしまうことを英語で「lost in translation」、つまり翻訳された時、本来の意味が喪失されてしまうことです。

言うまでもなく、我々の先人達の知力がなければ、今の知力は成り立ちません。スティーブ・ジョブズがスタンフォード大学の卒業式で述べたスピーチはあまりに有名ですが、その中で彼は、自分がイノベーションに取り組むのを止めてしまったら、先人達に恩返しすることができない、とまで述べています。

もし、我々1人ひとりがそんな思いで自分の知力を少しでも伸ばしていくことが出来れば、世の中が少しでもよい方向に進むのではないでしょうか。

本を書く時に私が注意していることの一つに「自己言及パラドックス」があります。ことばが自分に返ってきた時に矛盾を引き起こさないか？　ということです。「この本はウソです」という本の中身はウソかホントか？　というのは論理学で有名ですが、現実社会でもよく見受けられることです。

例えば、ビジネスホテルに泊まっている人が夜、他の部屋でどんちゃん騒ぎをしているのが気になり、たまりかねて「静かにしろ！」と怒鳴って他のお客を起こしてしまう。「あなたの強みは何ですか？」と訊ねたところ「まあ、謙虚さですね！」と傲慢さが垣間見える人。あるいは、「わが社の自由闊達な社風の中で、大いに創造性を発揮してください！」と、官僚的な企業の、リスクを取ったことのないような社長が言っているのを聞くと我々はシラケます。これも聞いている側が、その社長の自己言及に矛盾を感じ取ってしまうからです。

人前で話す人、書き手、部下のいる人、政治家、ジャーナリスト、メディアに従事する人などは特に、自己言及パラドックスに注意を払わなければなりません。「一流の○○を身につける」、「□□が最強である」という類の本の多くは出版社の意向であることが多いのですが、それでも書くほうは、読者が持つ「一流」や「最強」の期待に応えるのは、さぞや大変だなあと率直に思います。

かく言う私も、「出来ていない自分」と向き合いながら、書いたり、教えたりしなければならないので、悩みはつきません。まして、今回は「知力」です。そんな私を励ましてこの本を世に送り出して頂いたあさ出版の社長、佐藤和夫氏をはじめ、三浦良純氏他のスタッフの皆さんに感謝の意を表します。

最後までお付き合いいただいた読者の皆さん、ありがとうございました。そして、これからも、お互いに「知力」を伸ばしていきましょう！

問題の解答

p 61
05
Lesson

1 B 「推論しにくい」に注意。B以外は全て推論しやすい。

2 A 消費者金融の収入は利息であるから、Aの条件ではビジネスが成り立たない。

3 B 三つの条件の最初、「一部のアルコール飲料」という表現に注意。Eでは、他社のビールが漏れてしまう。

---

p 67
06
Lesson

1 固体、液体、気体

2 炭水化物、脂質、タンパク質、ビタミン、ミネラル

3 喜、怒、哀、楽

4 ヒト、モノ、カネ、情報

5 衣、食、住

---

p 69
07
Lesson

ⓒ

---

p 79
08
Lesson

自動車

例：縦軸に乗員数　5人未満　5人以上
横軸に加速(0−400m　16秒未満　16秒以上)
スポーツカー、高性能セダン&ワゴン、軽自動車、ミニバンなどのファミリカーがそれぞれの象限となる。

レストラン

例：縦軸に一人当たり単価　3000円未満 3000円以上
横軸に眺めなし、あり
普段の食事、行楽地の食事(子供同伴)、デート用、密談用がそれぞれの象限となる

著者紹介

船川淳志（ふなかわ・あつし）

慶應義塾大学法学部法律学科卒業。東芝、アリコ・ジャパン勤務の後、アメリカ国際経営大学院（サンダーバード校）にて修士号取得（MBA in International Management）。その後、米国シリコンバレーを拠点に組織コンサルタントとして活動。帰国後、グロービスのシニアマネジャーを経て、人と組織のグローバル化対応を支援するコンサルティング会社、グローバルインパクトを設立。NHK教育テレビ「実践・ビジネス英会話」、ビジネス・ブレークスルー大学「実践ビジネス英語講座」の講師も務めた。海外でのワークショップに加えて、慶應丸の内シティキャンパス「夕学五十講」、三井塾、大隈塾、及び各大学での講演も実施。著書に『Transcultural Management』（米国 Jossey-Bass 出版）、『ビジネススクールで身につける思考力と対人力』（日本経済新聞社）、『大学院生のためのアタマの使い方』（東京図書）、『世界で戦う知的腕力を手に入れる』（今北純一氏との共著、ファーストプレス）、『ロジカルリスニング』（ダイヤモンド社）、『グローバルリーダーの条件』（大前研一氏との共著、PHP研究所）等多数ある。

http://www.globalimpact.co.jp

「知力《ちりょく》」をつくる技術《ぎじゅつ》　〈検印省略〉

2017年　3　月 19　日　第　1　刷発行

著　者――船川　淳志（ふなかわ・あつし）
発行者――佐藤　和夫

発行所――株式会社あさ出版

〒171-0022　東京都豊島区南池袋 2-9-9 第一池袋ホワイトビル 6F
電　話　03（3983）3225（販売）
　　　　03（3983）3227（編集）
F A X　03（3983）3226
U R L　http://www.asa21.com/
E-mail　info@asa21.com
振　替　00160-1-720619

印刷・製本（株）シナノ

乱丁本・落丁本はお取替え致します。

facebook　http://www.facebook.com/asapublishing
twitter　http://twitter.com/asapublishing

ISBN978-4-86063-917-4 C2034